DEMMLER VERLAG

Evemarie und Frank Löser

Rote Bete

Herkunft, Anwendungen und Rezepte

DEMMLER VERLAG

Bildnachweis:

Titelfoto: Dr. Frank Löser
Rücktitelfotos: Dr. Frank Löser
Fotos: Dr. Frank Löser, außer Seite 21: Mit freundlicher Genehmigung der BEETA Reinigungssysteme, Sanitz; Seite 86 unten: Mit freundlicher Genehmigung der Bruno Nebelung GmbH, Everswinkel

Dieses Buch wurde sorgfältig erarbeitet. Alle Rezepte haben wir selber ausprobiert. Sie sind als machbare Beispiele zu verstehen. Die Autoren und der Verlag übernehmen keinerlei Haftung.

Impressum

© 2015 DEMMLER VERLAG GmbH
An der Bäderstraße 7c
18311 Ribnitz-Damgarten
Tel.: 03821 / 706397
Fax: 03821 / 708876
info@demmlerverlag.de
www.demmlerverlag.de

Layout: Matthias Krempien, Grafikdesigner (HBFS)
Satz und Gestaltung: Ute Schmidt, Grafik-Designerin
Druck und Verarbeitung: DZA Druckerei zu Altenburg GmbH, Altenburg

1. Auflage 2015

ISBN 978-3-944102-18-4

Küchenrezepte

Zum Geleit

*„Durch Rote Rüben werden die Schwachen stark
und die Schüchternen mutig."* Deutsches Sprichwort

Die Verarbeitung und der Verzehr von Roter Bete liegen wieder voll im Trend. Die Rote Bete, auch Rote Rübe genannt, wird als Aroma-Wunder bezeichnet. Verantwortlich dafür sind der erdige Geschmack und die enthaltenen Vitalstoffe wie z. B. Kalium, Magnesium, Vitamin C. Nicht jeder mag diesen erdigen Geschmack, aber sie wird durch die vielfältigen Verwendungsmöglichkeiten zum Multitalent der gesunden Ernährung. Die Rote Bete ist auch ein Ausgangsprodukt für medizinische und kosmetische Erzeugnisse sowie eine natürliche Basis für Reinigungsprodukte.

Bisher waren uns nur Großmutters eingelegte Rote Bete oder die handelsüblichen Konserven bekannt. Jetzt haben wir mit Begeisterung die vielfältigsten Rezepte mit Roter Bete entdeckt, gesammelt und ausprobiert – und sind dabei auf den Geschmack gekommen.
Selbst die vermutlich komplizierte und färbende Verarbeitung hat sich nicht bestätigt. Auf die Nutzung von Handschuhen verzichten wir inzwischen. Das trifft auch für die Verarbeitung der gelben und weißen „Schwestern" zu. Bei uns hat die trendige Knolle jetzt einen festen Platz im Speiseplan. Der Rote-Bete-Saft ist für uns inzwischen ein gut schmeckendes und wohltuendes Getränk. Zu besonderen Anlässen genießen wir den Rote-Bete-Brand.

Nun wünschen wir Ihnen, verehrte Leser, viel Freude beim Lesen, Probieren und Variieren nicht nur mit den roten, sondern auch mit den gelben und weißen Betesorten.

Evemarie und Dr. Frank Löser
Göhren, im Juli 2015

Geschichte und Herkunft

Rote Bete, halbiert

Die Rote Bete stammt aus dem Mittelmeerraum. Ihre botanische Abstammung ist nicht konkret nachweisbar. Der Seemangold, auch roter Seemangold oder Wild-Bete (B. vulgaris ssp. maritima) genannt, wird als Urpflanze der Roten Bete bezeichnet.

Seit mehr als 2.000 Jahren wird die Rote Bete als wertvolle Pflanze geschätzt und verarbeitet. Bereits die Babylonier kannten die Rote Bete und nutzten sie für die tägliche Ernährung. In der Antike wurde sie im Mittelmeerraum als Gemüse- und Heilpflanze angebaut. Schon Hippokrates (* um 460 v. Chr. auf Kos; † um 370 v. Chr. in Larisa) beschrieb die Heilwirkung von Roter Bete und deren Anwendung.

Die Römer brachten die Rote Bete mit nach Mitteleuropa. In Deutschland ist sie seit dem Mittelalter (ca. 6. bis 15. Jh.) allgemein bekannt. Paracelsius (* vermutlich 1493 in Egg; † 1541 in Salzburg) verordnete schon um 1540 den Verzehr von Roter Bete bei Blutkrankheiten.

*Abwechslung auf dem Teller mit „Tondo di chioggia":
Geringelte Rote Bete*

Namensdeutung

Rote Bete (Beta vulgaris var. conditiva) gehört zur Familie der Gänsefußgewächse (Chenopodiaceae) und ist verwandt mit Mangold und Zuckerrübe. Der deutsche Name Bete oder Beete stammt von dem lateinischen Gattungsnamen Beta ab, der für Rübe steht.

Regional gibt es unterschiedliche Bezeichnungen: Beete, Biete, Rahnde, Ranne, Rannen, Rote Rübe, Totmöhre, Runkelrübe (auch nur Rübe), Salatbete, Salatrübe oder Salatrunkel. Plattdeutsch: Rode Räuw, in der Schweiz Rande, in einigen Teilen Österreichs, Bayern und Südbaden auch Rahner (Rauna, Rana, Rahne, Rohne, Rone, Ronen, Randig) genannt.

Verbreitungsgebiete

Die Rote Bete wird in vielen Ländern mit gemäßigtem Klima angebaut und gilt in Deutschland als klassisches Wintergemüse. Besonders auffällig ist die Rezeptvielfalt in Osteuropa. Dort spielt die Rote Bete in der Ernährung eine wichtige Rolle.

In Deutschland wurde im Jahre 2014 in 1.388 Betrieben Rote Bete angebaut, mit einem Umfang von 1.691,7 ha. Der Ertrag je Hektar Anbaufläche betrug, 43.36 t und es wurden insgesamt 7.335,31 t geerntet.

Biologie, botanische Vielfalt und Verwendung

Seit ca. 200 Jahren sind die Zuchtformen des rotfleischigen Wurzelgemüses mit dem intensiv rot färbenden Pflanzensaft bekannt.
Die Züchtung hat außerdem verschiedene weiß- und gelbfleischige Sorten hervorgebracht.

Das rote Fruchtfleisch ist meistens gleichmäßig durchgefärbt, aber es gibt auch interessante neue Sorten, die „geringelt" sind. Diese mehr oder weniger deutlich sichtbare Ringbildung im Fruchtfleisch entsteht durch das Dickenwachstum der konzentrisch angeordneten Zuwachszonen.
Die Formen der Roten Bete sind sehr variabel. Es gibt rundliche, längliche und ovale Rübenkörper. Auf den Geschmack hat dies keinen Einfluss.

Verschiedene Formen und Farben von Bete

Kleine Sortenkunde

Die Anzahl der Sorten ist vielfältig, dazu gehören:

Die **„Ägyptische Plattrunde"**, eine frühe Sorte, ist kurzlaubig und hat eine plattrunde Form. Sie ist als langjährig bewährte Kleingärtnersorte bekannt.

Die Gelbe Bete **„Boldor"** ist komplett gelb und besitzt einen milden, süßen Geschmack.

„Robuschka" wurde aus der Sorte „Rote Kugel 2" selektiert. Runde glattschalige Knollen mit dunkelrotem Fleisch. Sie sind sehr gut lagerfähig.

Die gelbe Sorte „Boldor" hat nur die Form einer Roten Bete.

„Tondo di chioggia" hat ein geringeltes Inneres (rot-weiße Ringe), eine leuchtend rote Schale und hellgrünes Laub.

Weitere Arten sind **„Crapaudine"**, **„Forono"** und **„Formanova"**. Sie besitzen alle eine lange, zylindrische Knollenform, rotes Fleisch und sind gut im Ertrag. Außerdem lassen sie sich leicht ernten.

Die Sorte „Crapaudine" der Firma Kiepenkerl besitzt eine lange Walzenform und ist spitz auslaufend.

Biologie

Die Sorte „Rote Kugel" ist im Anbau leicht, hat rotes Fruchtfleisch, ist aromatisch und sehr ertragreich.

Gut durchgefärbte rote Sorte „Rote Kugel"

Die „Albina Veredura" ist eine weiße Bete, süßlich und gut geeignet für Rohkostsalate.

Weiße Bete „Albina Veredura"
und geringelte Bete „Tondo di chioggia"

„Wodan" ist eine Sorte, die für den BIO-Anbau bevorzugt wird.

Rote Bete, Sorte „Wodan"
und „Wodan" im Querschnitt

Ansprüche, Anzucht und Anbau

Rote Bete sind Zweijahrespflanzen. Im ersten Jahr werden nur vegetative Pflanzenteile gebildet, im zweiten Jahr die Blüte. Vereinzelt erfolgt die Blütenbildung auch bereits im ersten Wachstumsjahr, einschließlich der Samenbildung. Aus einer ehemals relativ dünnen Wurzel im Wildwuchs wurde im Verlauf der Jahrhunderte eine Pflanze mit einer Knolle herausgezüchtet. Diese Knolle ist eine Verdickung des Hypokotyls (unterster Abschnitt der Sprossachse vom Wurzelhals bis zu den Keimblättern).

Ab Ende April bis Anfang Mai erfolgt die Aussaat. Rote Bete wünscht einen durchlässigen, humosen und auch nährstoffreichen Boden. Die jungen zarten Pflänzchen sind frostempfindlich. Bei zu früher Aussaat kann auch das Schossen, die Ausbildung der Blütenanlagen, bereits im ersten Anbaujahr begünstigt werden. Der Reihenabstand sollte 40 cm und in der Reihe ca. 10 cm betragen. Die Samen kommen 3–4 cm tief in den Boden.

Die beste Keimtemperatur des Bodens liegt bei ca. 9 °C. Rote Bete wird in zweiter Tracht (also keine Stalldunggabe) angebaut, benötigt im Anbaujahr keine Humusgabe. Frische Düngung vertragen sie nicht. Der pH-Wert sollte neutral sein. Die Standortansprüche dieses Gemüses werden mit gering eingestuft. Rote Bete sollen nicht nacheinander auf dem gleichen Boden angebaut werden. Ebenso nicht nach Spinat und Mangold.

Rote-Bete-Samen, Samenknäuel (oben), Einzelkorn (unten)

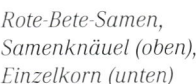

Feldanbau von Roter Bete

Hier sollte vereinzelt werden.

Wenn kein pilliertes Saatgut (aus dem sich je Samenkorn nur eine Pflanze entwickelt) oder Saatbänder verwendet werden, muss später auf einen Pflanzenabstand von 10 bis max. 15 cm vereinzelt werden.

Während der Vegetation ist für eine gleichmäßige Wasserzufuhr zu sorgen; im Bedarfsfall zusätzlich gießen. Die oft gewünschten kleinen Knollen entstehen, wenn man erst im Juni als Zweitfrucht nach Gründüngung, Salat oder Radieschen aussät. Gute Nachbarn beim Anbau sind Buschbohnen, Gurken, Kohlrabi und Pflücksalat.

Vereinzelt stehende Jungpflanze

Blühende Pflanze

Heranwachsende Pflanze

Schosser, der bereits im ersten Anbaujahr eine Blüte treibt.

Schaderreger

Während der Vegetation können Blattkrankheiten, die Rübenfliege und Blattläuse auftreten. Im Kleingarten sind diese nicht unbedingt behandlungswürdig.

Gesunde Blattmasse

*Nekrose Flecken
(abgestorbene Teile
des Blattgewebes)
auf den Laubblättern*

Ernte, Lagerung und Verarbeitung

Spätestens vor Frostbeginn im Herbst erfolgt die Ernte. Die Knollen werden behutsam aus der Erde gehoben, ohne die Schale zu verletzen. Sonst bluten sie und verlieren viel von ihrem guten Geschmack. Die Blätter werden abgedreht, nicht abgeschnitten. Damit wird der Verlust von Pflanzensaft vermindert. Etwa 5 cm vom Ansatz der Blattstiele sollten an der Knolle bleiben. Dann die Knollen sofort verarbeiten oder zur optimalen Lagerung in Sand einschichten. Bei guten Bedingungen überwintern sie dort bis zum Frühjahr.

Mit der Grabegabel vorsichtig anheben, aber dabei den Rübenkörper nicht beschädigen.

Trocken, kühl und dunkel sollte der Lagerort zur Aufbewahrung der Roten Bete sein. Helle oder zu feuchte Lagerung fördert die Bildung von Nitriten in der Roten Bete, die in größeren Mengen verzehrt, gesundheitlich bedenklich sein können, weil die Nitrite die Nieren belasten können.

Walzenförmige Rote Bete

Lagerung

Prächtige runde Knolle

Statt längerer Lagerzeit werden eine zeitnahe frische Verarbeitung und Konservierung der Knollen und auch das Einfrieren empfohlen.

Der rote Farbstoff Betanin färbt zwar intensiv, aber bei sofortiger Entfernung gibt es keine besonderen Flecken. Bei der Verarbeitung von Roter Bete schützen Küchenhandschuhe und eine geeignete Schürze vor der Verfärbung der Hände und Kleidung. Allerdings haben wir im Lauf der Verarbeitung auf Handschuhe verzichtet, weil sich die Rote-Bete-Farbe beim normalen Händewaschen entfernen lässt.

Lagerfähige Ware

Austrieb und Welke der Knolle sind Zeichen von ungünstigen Lagerbedingungen.

Rote-Bete-Gerichte können aufgewärmt werden, dann aber nicht mehr als Kindernahrung verwenden (Nitratgehalt).

Reste von warmen Speisen sollten relativ schnell abgekühlt und bis zum weiteren Verzehr im Kühlschrank aufbewahrt werden.

Knollen sollten beim Kauf prall und fest sein, dann sind sie frisch.

Die mittelgroßen Knollen sind für die Küche bestens geeignet. Gleich große Knollen werden in leicht kochendem Wasser in ca. 30–50 Min. gar.

Aber bitte immer mit nicht beschädigter Schale kochen oder backen. Wenn die Schale verletzt ist, bluten die Knollen aus!

Größere und walzenförmige Knollen können ca. 40–70 Min. im Backofen bei ca. 180 °C gegart werden. Mit einem Holzstäbchen (Zahnstocher) wird geprüft, ob die Knollen „durch" sind.

Erst nach dem Abschrecken mit kaltem Wasser wird geschält.

Rote Bete, prall, fest und aufgeschnitten (auf einem Bauernmarkt in der Türkei)

Broschüre mit Rote-Bete-Rezepten in englischer Sprache

Wer speziellen Gerichten einen roten oder rötlichen Farbton geben möchte, kann dies mit etwas Rote-Bete-Saft erzielen. Dieser Farbstoff (E 162) wird ebenfalls bei der Herstellung von Lebensmitteln verwendet. Wenn aber bei einem Gericht die Rote Bete nicht einfärben soll (Salate etc.), gibt man sie erst kurz vor dem Servieren dazu.

Tipp: **Wurde die Rote Bete bei der Zubereitung versalzen, sollte man sie ca. 10 Min. in klares Wasser legen.**

Rote-Bete-Rohkost ist nur für gesunde Menschen geeignet. Rote Bete enthält Oxalsäure, die zur Bildung von Nierensteinen führen kann.

Rote-Bete-Flecken

Der rote Saft der Bete ist intensiv, das Glykosid Betanin ist dafür verantwortlich. Entstandene Flecken so schnell wie möglich mit viel kaltem Wasser, auch Mineralwasser ist gut geeignet, auswaschen. Es werden auch geeignete Flecklöser im Fachhandel angeboten.

Rote-Bete-Reiniger

Mit den rein pflanzlichen „Beeta"-Reinigern, gewonnen aus dem Saft von kontrolliert biologisch angebauter Roter Bete, geht das Putzen besonders gut von der Hand. Denn das rote Gemüse in den „Beeta"-Produkten ist ein wahres Wundermittel. Ilona Parsch erfand im Jahr 2002 den weltweit ersten und patentierten Bioreiniger aus Roter Bete mit hervorragendem Leistungsprofil. Handspülmittel, Handseife, Flüssigwaschmittel, Badreiniger und auch Glasreiniger wurden daraus entwickelt.

Frau Parsch mit Roter Bete

Alle eingesetzten Rohstoffe wurden nach bestem Gewissen in punkto Umwelt- und Hautverträglichkeit geprüft. Tests durch die Dermatest GmbH bestätigen die gut verträglichen dermatologischen und allergologischen Eigenschaften der „Beeta"-Produkte mit dem Prädikat „sehr gut".

„Beeta"-Produktfamilie

Inhaltsstoffe und Heilwirkungen

Nährwerte	175 kJ/100 g frische Rote Bete
Wasser	88,8 Prozent
Kohlehydrate	6,3 g
Fett	0,1 g
Eiweiß	1,5 g
Ballaststoffe	2,3 g
Vitamine	
Vitamin A	0,01 mg
Vitamin C	10 mg
Vitamin B1	0,02 mg
Vitamin B2	0,04 mg
Vitamin B6	0,05 mg
Folsäure	0,07 mg
Niacin	0,2 mg
Mineralstoffe	
Kalzium	29 mg
Eisen	0,9 mg
Kalium	336 mg
Magnesium	25 mg
Natrium	86 mg
Phosphor	45 mg

Der hohe Nährwert der Roten Bete, ergibt sich aus dem Gehalt an Rohzucker im Rübenkörper. Kohlehydrate, Fett, Eiweiß und Ballaststoffe, sind weitere Inhaltsstoffe in Rote Bete. Mit ihren Vitaminen und Mineralstoffen gilt die Rote Bete als ein nahrhaftes und gesundes Gemüse. Sie ist reich an Eisen, Kalium, Magnesium und Phosphor. Enthalten sind Vitamine der B-Gruppe, Folsäure, Vitamin C, Eiweiß und Zucker. Rote Bete wirkt stärkend und appetitanregend. Die Sekretion der Galle wird angeregt. Der hohe Eisengehalt unterstützt die Blutbildung. Die Inhaltsstoffe stärken die Abwehr von Erkältungen und Grippe. Auch nach dem Kochen (ungeschält) bleiben sie erhalten.

Der rote Saft, hervorgerufen durch den Gehalt an Anthocyan, begünstigt die Blutbildung, wirkt auch blutreinigend und regt die Magen- und Darmtätigkeit an. Er stärkt generell den Organismus.

Der Saft der Roten Bete gilt als natürlicher Blutdrucksenker, wenn davon täglich ca. 500 ml getrunken werden. Der eigene Speichel wandelt das in Rote Bete enthaltene „Nitrat" zu „Nitrit" um. Zur allgemeinen Stärkung wird empfohlen, täglich am Morgen und am Abend ca. 4 cl frisch gepressten Rote-Bete-Saft zu trinken; besonders im Winter, als Kur vier Wochen lang.

Beim Betreiben von Ausdauersportarten fördert der Saft der Roten Bete (500 ml pro Tag getrunken) das Leistungsvermögen. Bereits 250 ml Saft decken den Tagesbedarf an Folsäure, die mit verantwortlich für die Bildung neuen Blutes ist. Der Saft der Roten Bete gilt als gute Laune Macher, er wirkt stimmungsaufhellend und gehört zu den gesündesten Gemüsesäften.

Rote-Bete-Saft

Achtung: Nach dem Verzehr Roter Bete färbt sich der Urin rot – bitte nicht erschrecken. Trotzdem gilt auch hier: „Fragen Sie dazu Ihren Arzt oder Apotheker!"

Das in den Knollen enthaltene Provitamin A (Betacarotin) trägt zur Erhaltung einer gesunden Haut bei und blockt schädliche freie Radikale ab.

Weitere Heilwirkungen von Rote Bete sind:
- Antibakterielle Wirkung
  bei Hautentzündungen und Infektionskrankheiten
- Krebshemmende Wirkung
- Verdauungsfördernde Wirkung
- Als Fußwickel
  bei Krämpfen, Migräne, Übermüdung und Depressionen.

Rote-Bete-Fußwickel

Rohe Rote Bete aufreiben und mit Olivenöl vermischen. Diese Masse auf ein Baumwolltuch streichen und über Nacht auf beide Fußsohlen auflegen. Zum Schutz der Bettwäsche sollte man alte Socken anziehen.

Rote-Bete-Früchtetee

In dem Früchtetee „Rotbeetchen" gibt es neben diversen Früchten und Blüten auch kleine Rote-Bete-Stücke, die neben ihrer positiven Wirkung auch für eine schöne rote Färbung sorgen.

Rote-Bete-Pulver

Im Handel ist auch Rote-Bete-Pulver erhältlich. Dieses wird in einem speziellen Trocknungsverfahren (aus 1.250 g erntefrischen Knollen Rote Bete wird 1.100 g Rote-Bete-Instantpulver) hergestellt. Es ist lange haltbar.

Das Pulver ist wasserlöslich; 1 gehäufter EL = ca. 10 g Pulver wird für ein Glas Flüssigkeit empfohlen. Es kann aber auch direkt auf oder in die Speisen gestreut werden, z. B. in Joghurt, Müsli und Milchgerichte.

Rote-Bete-Pulver auf Frischkäse

Tipp: Gewaschene frische Blätter der Roten Bete sollen den Knoblauchatem entschärfen.

Pflegecreme wird warm abgefüllt und dann kühl gestellt.

Rote Bete als Kosmetik

Rote Bete findet in der Kosmetikindustrie vor allem als Lippenstift, Lipgloss und Rouge Anwendung.

Rote Lippenpflegecreme kann selbst hergestellt werden und zwar wie folgt:

50 g Rote Bete, roh geraspelt; 3 EL Vaseline, 1 TL Honig

Auf kleiner Flamme wird in einem kleinen Töpfchen die Vaseline erhitzt. Dann die geraspelte Rote Bete und Honig dazugeben und ca. 10 Min. durchziehen lassen. Danach durch ein Sieb streichen, um die Rote-Bete-Stückchen zu entfernen. Creme in kleine Schraubgläser füllen und kühl lagern. Diese Lippenpflege sieht pinkfarben aus, der Honig macht sie cremig.

Rote Bete als Tiernahrungsmittel

Rote Bete wird auch in Tiernahrungsmitteln verarbeitet, besonders im Futter für Nagetiere wie Hasen und Meerschweinchen. Auch „Red Rock", ein Trockenfutter für Hunde, enthält Rote Bete.

Hilde, das Zwergkaninchen unserer Nachbarin Carla, genießt den Rote-Bete-Snack.

Trockenfutter für Nagetiere mit Rote-Bete-Zusatz

Traditionspflege und Brauchtum

Russisches Volksmärchen von der Rübe

Im russischen Volksmärchen vom Großväterchen und der Rübe, die sich nur schwer aus der Erde ziehen lässt, wird wahrscheinlich von der Roten Rübe (Rote Bete) erzählt: „Wachse, meine Rübe, wachse, werde süß, wachse, meine Rübe, wachse, werde fest!" Denn Rüben und Rote Bete waren auch im alten Russland ein überlebenswichtiges Gemüse, das auf keiner Tafel fehlte.

Rote Bete zum Pfefferpotthast-Fest

In Dortmund gibt es jedes Jahr Anfang Oktober das Pfefferpotthast-Fest, das fünf Tage lang andauert. Pfefferpotthast ist ein westfälisches Traditionsgericht, das seinen Ursprung bereits im 14. Jahrhundert hat. Zu diesem Gericht mit Rindfleisch und Zwiebeln wird Rote Bete gereicht. Und das kam so: Agnes von der Vierbecke lebte einst als gut situierte Witwe in Dortmund, und sollte am 4. Oktober 1378 feindliche Soldaten aus den umliegenden Gegenden in die von dicken Mauern geschützte Reichsstadt schmuggeln und sie somit einnehmen. Doch der Plan misslang. Während die Witwe für ihren Verrat mit ihrem Leben büßte, wurde ihr Rezept Pfefferpotthast – Rindfleisch zubereitet mit Schmalz, Zwiebeln, Lorbeerblättern, Nelken und Rote Bete – zum Dortmunder Nationalgericht.

Das „Neunerlei" Gericht mit Roter Bete

Im Erzgebirge, teils auch im Vogtland und im Egerland wird ein alter Weihnachtsbrauch gepflegt. Am Heiligen Abend wird traditionell das Neunerlei – mundartlich auch „Neinerlei", „Naanerlei" genannt – aufgetischt. Regional unterschiedlich gehören zu den neun Gerichten u. a. Semmelmilch mit Nüssen, Linsensuppe, Bratwurst, grüne Klöße mit Pilzsoße, Rote Bete,

Schweine- oder Gänsebraten, Sauerkraut, Sellerie Salat oder auch Herings-häcksele mit Roter Bete. Die Roten Rüben oder auch Rote Bete sollen Freude und Glück, die Schönheit erhalten und gutes Wachstum für das Getreide im nächsten Jahr bringen.

Auch in anderen Ländern wird zu den Weihnachtsgerichten stets Rote Bete als Salat oder Suppe, zusammen mit anderem Gemüse in verschiedensten Variationen gereicht. In den nordischen Ländern wird in der langen Win-terszeit zur Belebung der Lebensgeister sehr viel Rote Bete oder Rote Rüben verzehrt. Rot ist die Farbe der Liebe, Freude, Leidenschaft und des Blutes, sie symbolisiert auch das Leiden Christi am Kreuz.

Färben mit Roter Bete

Das Färben mit Pflanzen ist eine jahrtausendalte Tradition. So gehört auch die Rote Bete zu den natürlichen Farbstoffen. Wolle, Kleidung und Textilien verschiedenster Art wurden handwerklich und heute in der chemischen Industrie industriell mit dem Saft der Roten Bete gefärbt.

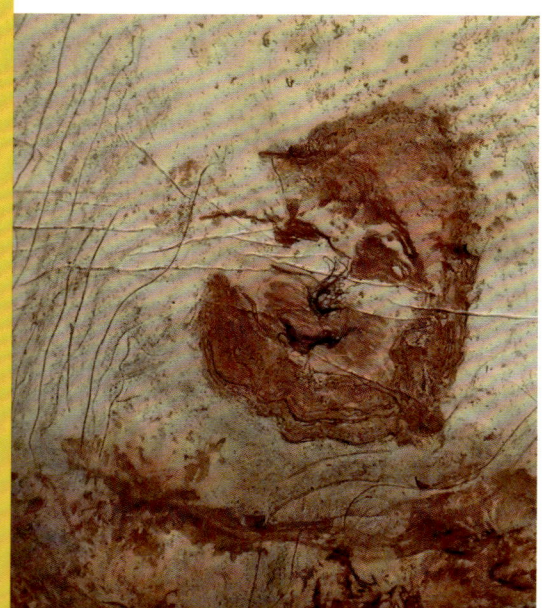

In vielen Gegenden wird der Saft der Roten Bete zu Ostern zum Färben der Eier verwendet. Ein natürlicher Farbstoff ohne Schadstoffe.

Aus Pflanzen, darunter auch aus Teilen der Roten Bete, entstehen interessante filigrane Bilder.

„Hausgeist" heißt dieses Bild aus gekochter Rote Bete und Sellerie. Gudrun Schumann, Naturfreundin aus Banzkow in Mecklenburg-Vorpommern, kreiert wunderbare filigrane Bilder aus Gemüse und Pflanzen.

Küchenrezepte

Die in diesem Buch vorgestellten Rezepte sind sehr vielfältig und reichen von Salaten, Suppen, Hauptgerichten bis zu Nachspeisen.

Smoothies

Rote-Bete-Smoothie mit Frischkäsemeerrettich

Zutaten:
2 Rote Beten
200 ml Gemüsesaft
2 EL Frischkäse mit Meerrettich
1 Blutorange
Cayennepfeffer
Salz
Kräuter zur Garnitur

Die gekochten oder auch süßsauer eingelegten Rote Beten würfeln. Orange schälen, weiße Haut und Kerne entfernen, in Würfel schneiden. Rote Bete und Orange in den Mixer geben, Frischkäse zufügen, pürieren und den Gemüsesaft in Portionen zugießen. Smoothie mit Cayennepfeffer und Salz abschmecken, in Gläser verteilen. Mit Kräuterblättchen (Melisse, Pfefferminz etc.) garnieren und servieren.

Rote-Bete-Smoothie mit Aprikosen

Zutaten (für 4 Gläser):
1 Rote Bete
500 g Aprikosen
375 ml Möhrensaft
50 g flüssiger Honig
1 TL Rapsöl
3 cm Ingwer

Ingwer und Rote Bete schälen und würfeln. Aprikosen waschen, abtropfen lassen, entsteinen und in grobe Stücke schneiden. Alle Zutaten in einem Standmixer fein pürieren. In Gläser füllen und servieren.

Alle Zutaten küchenfertig zube-
reiten, klein schneiden und in den
Mixer geben. Cremig pürieren, in
Gläser füllen und servieren.

Rote-Bete-Smoothie mit Karotten

Zutaten (für 2 Gläser):
1 mittelgroße Rote Bete
2 Karotten
2 Orangen
1 Stück Ingwer
$^1/_2$ Glas Wasser

Rote-Bete-Smoothie

Salate, Vorspeisen und Beilagen

Rote Beten und Äpfel waschen,
trocken tupfen, schälen (Äpfel entkernen) und roh in Streifen raspeln.
Zwiebel schälen und fein würfeln. Alles mit dem Meer-
rettich mischen und
mit den Gewür-
zen abschme-
cken.

Rote-Bete-Apfel-Rohkost

Zutaten:
2 Rote Beten
2 Äpfel
1 Zwiebel
1 EL Meerrettich
Essig
Kümmel
frisch gemahlener schwarzer Pfeffer
Salz und Zucker

Rezepte

Rote-Bete-Porree-Rohkost

Zutaten:
2 Rote Beten
200 ml Sahne
3 Äpfel
1 Stange Porree
Honig
frisch gemahlener schwarzer Pfeffer
Salz
Senf

Rote Beten schälen und grob reiben. Porree waschen, halbieren und in feine Scheiben schneiden. Äpfel vierteln, entkernen und grob reiben. Alles gut vermengen, die Sahne darüber gießen und mit den weiteren Zutaten abschmecken.

Tipp: Passt gut zu Tafelspitz.

Rote-Bete-Blattwerk-Salat

Zutaten:
250 g Rote-Bete-Blattwerk
7 EL Rapsöl
3 EL Rotweinessig
1 EL Zitronensaft
$\frac{1}{2}$ TL Senfkörner
$\frac{1}{4}$ TL Koriandersamen
$\frac{1}{4}$ TL Kümmelkörner
frisch gemahlener schwarzer Pfeffer
Salz

Blattwerk der Roten Bete gut waschen, ausschwenken, trocken tupfen und fein schneiden. Beiseitelegen. Koriander, Kümmel und Senfkörner in einer fettlosen Pfanne ca. 90 Sekunden rösten, danach im Mörser zerstoßen. Mit Essig, Öl und Zitronensaft vermengen und mit Pfeffer und Salz würzen. Den Blattwerk Salat vor dem Servieren mit dem Dressing beträufeln.

Rote-Bete-Blattwerk-Salat

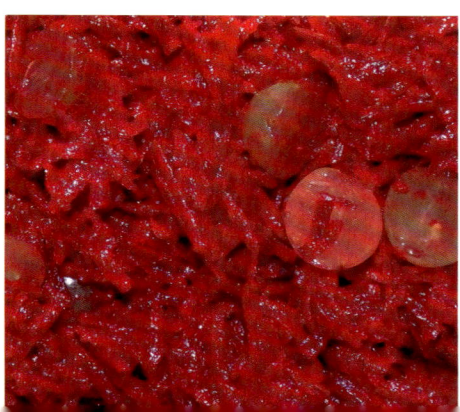

Rote-Bete-Salat mit Weintrauben

Rote Bete gar kochen, abschrecken, schälen und würfeln. Gurken und Tomaten waschen, trocken tupfen, würfeln. Knoblauch schälen und fein hacken, zusammen mit Joghurt und Salz vermengen. Alle Zutaten in eine Schüssel geben und vorsichtig gründlich vermischen. Vor dem Servieren 15 Min. durchziehen lassen.

Rote Beten grob reiben, Weintrauben halbieren. Alle Zutaten in einer Schüssel mischen und bis zum Servieren ca. 10 Min. durchziehen lassen.

Rote Beten gar kochen, abschrecken, schälen und in Achtel schneiden. Spargelspitzen in kochendem Salzwasser ca. 3–4 Min. blanchieren, herausnehmen und gut abtropfen lassen. Brunnenkresse und Feldsalat waschen, gut ausschwenken und auf zwei Tellern anrichten. Dann den geräucherten Lachs und die Rote-Bete-Stücke darauf verteilen. Für das Dressing den Joghurt, die

Rote-Bete-Salat

Zutaten:
250 g Rote Bete
100 g Gurke
100 g Tomate
150 ml Joghurt
1 Knoblauchzehe

Rote-Bete-Salat mit Weintrauben

Zutaten:
2 gekochte Rote Beten
100 g helle Weintrauben
1 TL Vanillezucker
1 TL Zitronensaft

Rote-Bete-Salat mit Grünspargel

Zutaten (für 2 Portionen):
2 Rote Beten
125 g Spitzen vom Grünspargel
100 g Räucherlachs
70 g Feldsalat
60 g Brunnenkresse
3 EL Meerrettichcreme
2 EL Joghurt
1 TL Weißweinessig
frisch gemahlener schwarzer Pfeffer
etwas Zitronensaft

Meerrettichcreme und den Weißweinessig gut miteinander vermengen und auf den Salat geben. Mit Pfeffer bestreuen und mit etwas Zitronensaft verfeinern. Vor dem Servieren mit den Spargelspitzen garnieren.

Rote-Rüben-Salat mit Ziegenkäse

Zutaten:
2 Rote Rüben (Rote Beten)
1 Stück Ziegenkäse
Leinöl
Kresse
Kümmel
Oregano
Petersilie
frisch gemahlener schwarzer Pfeffer
Schnittlauch
Walnüsse
Zitronensaft

Rote Rüben waschen, leicht andünsten und danach in kleine Würfel schneiden oder grob raspeln. Ziegenkäse würfeln und darunter mischen. Den Salat mit Oregano, Kümmel, Pfeffer und Zitronensaft würzen; nach Belieben und Geschmack etwas Leinöl zugeben. Kresse, Petersilie, Schnittlauch und Walnüsse fein hacken und vor dem Servieren zum Verfeinern darüber streuen.

Rote-Bete-Salat mit Walnüssen

Zutaten:
2 mittelgroße Rote Beten
80 g zerkleinerte Walnusskerne,
1–2 gepresste Knoblauchzehen
10 getrocknete zerkleinerte Pflaumen
1 EL Sultaninen
Petersilie
Dill
Frische Salatblätter

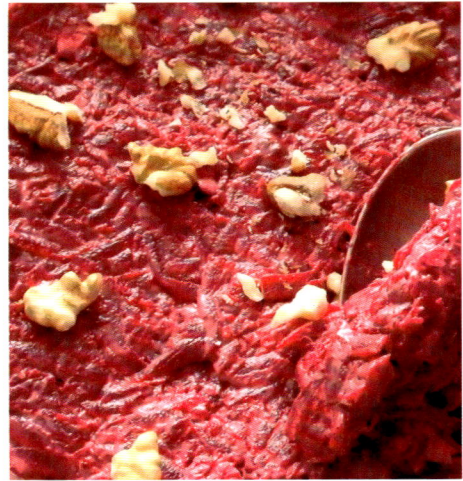

Rote-Bete-Salat mit Walnüssen

Rote Beten 40–60 Min. schnittfest kochen. Kalt abspülen, nach dem Abkühlen schälen und grob reiben. Dann mit allen Zutaten mischen, gut durchziehen lassen. Mit Salat und frischen Kräutern garniert servieren.

Gelbe Bete schälen und in 2 mm feine Scheiben schneiden. Geputzte Zwiebeln in schmale Ringe schneiden, dann im Öl kurz anbraten und den Honig hineinrühren. Die Bete Scheiben fächerförmig auf einem Teller anrichten, die Frühlingszwiebeln darauf verteilen und als Beilage servieren.

Gelbe-Bete-Carpaccio

Zutaten:
2 Gelbe Beten
1 Bund Frühlingszwiebeln
1 EL Honig
1 EL Öl

Rote-Bete-Carpaccio mit Ravioli

Zutaten (für 2 Portionen):
1 Rote Bete
200 g Ziegenfrischkäse-Ravioli
60 g Walnüsse
50 g Feldsalat
30 g Butter
30 g Zucker
6 EL Walnussöl
2 EL Himbeeressig
frische Himbeeren zur Garnitur
frisch gemahlener schwarzer Pfeffer
Salz

Gelbe-Bete-Carpaccio

Zucker in einer Pfanne karamellisieren, Walnusskerne zugeben. Ein Dressing aus Essig und Öl mischen, mit Pfeffer und Salz abschmecken. Feldsalat waschen, gut ausschwenken. Rote Bete schälen und in ganz dünne Scheiben hobeln.

Ravioli aus der Packung mit der Butter in einer Pfanne bei mittlerer Hitze erwärmen, öfter wenden. Rote-Bete-Scheiben auf zwei Teller verteilen, Salat anlegen und beides mit dem Dressing beträufeln. Ravioli und Walnüsse auf dem Salat verteilen. Vor dem Servieren mit etwas Pfeffer und den Himbeeren garnieren.

Rote-Bete-Kartoffelsalat mit Matjes

Zutaten (für 8 Portionen):
2 Gläser Rote Bete
2,5 kg fest kochende Kartoffeln
2 Gläser Cornichons
4 Matjesfilets
4 Äpfel
3 EL Öl
2 EL Essig
2 Zwiebeln
1 EL Senf
1 EL Instant Brühe
Salz, Zucker, Wasser

Kartoffeln kochen, schälen, abkühlen lassen und in kleine Würfel schneiden. Äpfel schälen, Rote Bete und Gurke abtropfen lassen, Matjesfilets abspülen, abtupfen und alles in kleine Würfel schneiden. 125 ml Wasser erhitzen und Brühe darin auflösen. Essig, Öl und Senf zugeben, umrühren. Mit Salz und Zucker abschmecken. Alles gut vermengen und ca. 24 Stunden durchziehen lassen.

Gefüllte Rote Bete à la Ev

Zutaten:
4 mittelgroße gegarte Rote Beten
2 hart gekochte Eier
2 Gewürzgürkchen
100 g Gouda
1 EL Öl
1 EL Senf
1 TL rote Pfefferkörner
frische Kräuter (Dill, Petersilie etc.) zum Garnieren

Gefüllte Rote Bete à la Ev

Rote Bete schälen, halbieren, aushöhlen und das Innere fein würfeln. Eier schälen, fein hacken; Gürkchen und Käse würfeln. Nun alle zerkleinerten Teile mit dem Öl und Senf vermengen und etwas durchziehen lassen. Dann die Masse gleichmäßig in die Hälften füllen und mit frischen Kräutern garniert servieren.

TIPP: **Leckeres Beiwerk zum kalten Büffet.**

Mit Sellerie gefüllte Rote Bete

Zutaten:
4 Rote Beten
250 g Salatmischung
(Feldsalat, Frisèe, Radicchio)
150 g Selleriesalat
(geraspelt, Konserve)
100 g Joghurt
40 g Walnüsse
4 EL Rapsöl
2 EL Weißweinessig
2 EL Joghurt Salatcreme
1 EL Zitronensaft
1 Apfel
frisch gemahlener schwarzer Pfeffer
Salz

Rote Bete gar kochen, abschrecken, schälen. Deckel abschneiden und mit dem Pariser Ausstecher oder geeignetem Löffel aushöhlen. Walnüsse hacken und in einer Pfanne ohne Fett rösten, abkühlen lassen. Selleriesalat im Sieb abtropfen lassen. Joghurt und Salatcreme miteinander verrühren, mit Pfeffer, Salz und Zitronensaft würzen. Apfel schälen, entkernen und grob raspeln. Apfelraspel und Selleriesalat mit dem Dressing vermengen, mit Pfeffer und Salz würzen. Die Rote Bete damit füllen. Essig mit Pfeffer, Rapsöl und Salz verrühren. Salat waschen und gut abtropfen lassen, mit der Vinaigrette vermengen. Die Rote Bete auf dem Salat anrichten und mit den gerösteten Walnüssen garniert servieren.

Pariser Ausstecher in Aktion ...

Rote-Bete-Heringssalat

Zutaten (für 4 Portionen):
150 g Rote-Bete-Kugeln (Glas)
200 g Joghurt
150 g Cornichons
8 Bismarck-Heringe
2 EL Mayonnaise
1 Apfel
1 Bund Schnittlauch
frisch gemahlener schwarzer Pfeffer
Salz

Rote Bete abtropfen lassen, den Sud auffangen. Kugeln halbieren und in dünne Scheiben schneiden. Cornichons abtropfen lassen und in Scheiben schneiden.

Apfel schälen, vierteln, entkernen und in feine Scheiben schneiden. Küchenfertige Bismarck-Heringe in kleine Stücke schneiden. Schnittlauch waschen, gut ausschwenken, in kleine Röllchen schneiden.

Joghurt, Mayonnaise und Rote-Bete-Sud glattrühren. Apfel, Cornichons, Bismarck-Hering, Rote Bete und Schnittlauch gut vermengen und mit Pfeffer und Salz würzen.

Tipp: Mit Butter und Schwarzbrot servieren.

Gelbe Bete schälen und roh in ganz dünne Scheiben hobeln. Von den küchenfertigen Garnelen vier Stück beiseitelegen, die restlichen in ca. 2 cm lange Stücke schneiden. Zwiebeln putzen und in schmale Ringe schneiden. Die Birnen für das Dressing schälen, vierteln, entkernen und in kleine Würfel schneiden. Blütenhonig, Limettensaft und je eine Prise Pfeffer und Salz in einer Schale gut vermengen. Birnenwürfel und Traubenkernöl

Gelbe Bete in Scheiben

untermischen. Pflanzenöl in einer Pfanne erhitzen und darin die vier Garnelen ca. 2 Min. rundum gut anbraten, danach pfeffern und salzen, herausnehmen und beiseitestellen. Die Garnelenstücke in der Pfanne ca. 1 Min. unter Wenden anbraten. Frühlingszwiebeln zugeben und kurz mit anbraten. Mit Pfeffer und Salz würzen. Die Garnelenstücke über die Gelbe-Bete-Scheiben verteilen und alles mit dem Birnendressing beträufeln. Die vier Garnelen vor dem Servieren als Garnitur auflegen (oder in 4 Portionen verteilt servieren).

Pilze in wenig Wasser halbfertig garen. Dann Abseihen, Wasser beiseite stellen. Rote Bete und Möhren schälen, raspeln. Zwiebeln schälen und fein schneiden. Öl erhitzen, Bete darin 10 Min. auf kleiner Flamme köcheln. Dann Möhren, Zwiebel und Pilzwasser dazu füllen, alles ca. 60 Min. gar köcheln, bis eine streichfertige Paste entsteht. Zuletzt Pilze und Tomatenpaste hineinrühren und mit Salz abschmecken.

Gelbe-Bete-Carpaccio mit Garnelen

Zutaten:
Carpaccio:
300 g Gelbe Bete
200 g Garnelen
60 g Frühlingszwiebeln
2 EL Pflanzenöl
frisch gemahlener schwarzer Pfeffer

Dressing:
150 g Birnen
4 EL Traubenkernöl
3 EL Limettensaft
1 EL Blütenhonig
frisch gemahlener schwarzer Pfeffer
Salz

Rote Bete „Kaviar" mit Pilzen

(Original russische warme oder kalte Vorspeise)

Zutaten:
1 große Rote Bete
3 Möhren
1 Zwiebel
40 g getrocknete Pilze
140 g Tomatenpaste
3 EL Öl

Rote-Bete-Reis-Salat an Rindersteaks

Zutaten (für 4 Portionen):
750 g Rote Bete
175 g Wildreis
125 g Rucola
8 EL Olivenöl
4 kleine Rindersteaks
4 EL Weißweinessig
2 Möhren
2 EL Apfelsaft
1 Schalotte
1 Zitrone
1 Stück Meerrettich
1 Prise Zucker
frisch gemahlener schwarzer Pfeffer
Salz

Rote Bete schälen und in feine Stifte schneiden. Schalotte schälen und fein würfeln. In einem Topf 2 EL Öl erhitzen und Rote-Bete-Stifte andünsten, mit Pfeffer und Salz würzen. Zitrone abwaschen, trocken tupfen, Schale abreiben und Frucht auspressen. 3 EL Wasser, Zitronen-

Rote-Bete-Reis-Salat mit rotem Reis

abrieb und Saft zu den Roten Beten geben, umrühren. Alles ca. 10 Min. bei kleiner Hitze garen lassen. Reis in gesalzenem Wasser garen, abgießen und auskühlen lassen. Möhren putzen und grob raspeln. Rucola putzen, Stielenden kürzen und Blätter zerpflücken. Meerrettich schälen und reiben. Mit Apfelsaft, Essig und Zucker verrühren, mit Pfeffer und Salz abschmecken. 4 EL Öl untermischen. Möhren, Reis, Rote Bete und Rucola mit dem Dressing vermischen. 2 EL Öl erhitzen, Steaks mit Pfeffer und Salz würzen, danach 3 Min. je Seite rosa braten. Steaks in Scheiben schneiden und mit dem Reissalat angerichtet servieren.

Rote Bete abtropfen lassen, dann in Stücke schneiden. Mehl in eine Schüssel sieben, Eier, Milch und Salz hinzugeben, zu einem glatten Teig verarbeiten. Orangensaft und Rote Bete fein pürieren und in den Teig rühren. Teig für vier Pfannkuchen teilen und in einer Pfanne (28 cm) mit heißem Öl ausbacken. Auskühlen lassen.

Für die Creme den Frischkäse mit Cayennepfeffer, 1 EL Milch, Pfeffer und einer Prise Salz glatt rühren.

Rote-Bete-Röllchen

Zutaten:
Teig:
75 g Rote Bete (Konserve)
125 ml Milch
100 g Mehl
50 ml Orangensaft
3 Eier
2 EL Rapsöl
$\frac{1}{2}$ TL Salz

Creme:
250 g Doppelrahmfrischkäse
30 g Frühlingszwiebel
1 EL Milch
1 Prise Cayennepfeffer
frisch gemahlener schwarzer Pfeffer
Salz

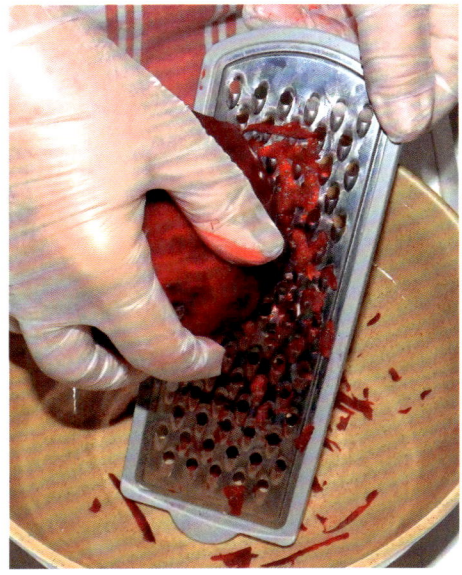

Rote Bete reiben mal mit Handschuhen.

Frühlingszwiebeln putzen, fein hacken und darunter rühren. Die vier Pfannkuchen auf die Arbeitsfläche legen und zu gleichen Teilen mit der Käsecreme bestreichen (2 cm am Rand freilassen) und danach aufrollen. Jeden in Folie einwickeln und ca. 2 Std. kühl stellen. Vor dem Servieren die Rollen in 2 cm breite Scheiben schneiden.

Tipp: **Passen zum Büfett oder zu Salatvariationen.**

Dips und Soßen

Rote-Bete-Dip mit Knoblauch

Zutaten:
250 g Rote-Bete-Kugeln (Glas)
200 g Schafskäse
100 g geröstete, gesalzene Pekannüsse
3 EL Olivenöl
1 TL Rotweinessig
1 Knoblauchzehe
$\frac{1}{2}$ TL getrockneter Oregano
$\frac{1}{2}$ Bund Dill
frisch gemahlener schwarzer Pfeffer
Salz

Rote Bete gut abtropfen lassen, in Stücke schneiden. Knoblauch schälen und grob hacken. Schafskäse zerbröseln. Alles in einen hohen Rührbecher geben, Essig, Oregano, Öl und Pekannüsse dazu; mit dem Pürierstab fein pürieren. Dill waschen, gut ausschwenken und die feinen Spitzen hacken, ins Püree mischen. Mit Pfeffer und Salz abschmecken.

Tipp: Als Brotaufstrich, zu Pellkartoffeln oder zu Rohkost servieren.

Rote-Bete-Dip

Rote Bete waschen, trocken tupfen und dünn abschälen, in ca. 5 mm große Würfelchen schneiden. Schalotten schälen und fein würfeln. Dill, Majoran und Thymian waschen, gut ausschwenken, die Blättchen von den Stängeln zupfen und fein hacken. Getrennt beiseite stellen. Olivenöl in einem Topf erhitzen und die Schalotten andünsten. Majoran, Rote Bete und Thymian zugeben und mitdünsten. Mit Pfeffer und Salz würzen und das Wasser zugeben. Rote Bete und die Zutaten in ca. 25–30 Min. zugedeckt gar köcheln, öfter umrühren. Fehlt Wasser, dann nachgießen, Gemüse darf nicht anbrennen. Rote Bete Gemüse in eine Schüssel geben und abkühlen lassen. Walnüsse grob hacken. Nüsse, Rote Bete und Schmand mit dem Pürierstab cremig pürieren. Dill zugeben, mit Pfeffer, Salz und Zitronensaft würzen.

Tipp: Passt zu Pellkartoffeln und zu rohen Gemüsesticks.

Rote-Bete-Kräuter-Dip

Zutaten:
400 g Rote Bete
150 g Schmand
100 ml Wasser
30 g Walnüsse
5 Stängel Dill
5 Stängel Thymian
4 Stängel Majoran
3 Schalotten
2 EL Olivenöl
2 EL Zitronensaft
frisch gemahlener schwarzer Pfeffer
Salz

Rote Bete, polnische Art

Zutaten:
2 Rote Beten
4 EL Öl
2 EL Zucker
2 Nelken
Essig
Knoblauch
Salz

Rote Bete gewürfelt

Rote Beten waschen, trocken tupfen, schälen und in feine Streifen schneiden. In Öl andünsten mit Essig, Knoblauch, Nelken und Salz abschmecken – schmeckt pikant süß-sauer.

Rote-Bete-Soße mit Koriander

Zutaten:
150 g Rote Bete
200 ml Gemüsebrühe
12 Stängel Koriander
4 EL Crème fraîche
1 Zwiebel
1 EL Öl
Zitronenscheiben

Rote Bete und Zwiebel schälen und würfeln. Koriander waschen, gut ausschwenken. Öl erhitzen, Rote Bete und Zwiebel zugeben und ca. 4 Min. schmoren. Brühe zum Gemüse geben. 2 Stängel Koriander beiseitelegen, die anderen Stängel zur Brühe geben, aufkochen und weitere 10 Min. köcheln lassen. Dann mit einem Rührgerät (Pürierstab) alles pürieren und durch ein Sieb abseihen. Diese Soße aufkochen, Crème fraîche zugeben und mit dem Rührgerät (Pürierstab) kurz aufschäumen. Mit frischem Koriander und Zitrone garniert servieren.

Tipp: Passt besonders zu gebratenem Zander.

Rote-Bete-Soße mit Basilikum

Zutaten:
250 g vorgegarte Rote Bete
250 ml Gemüsebrühe
5 Stängel Basilikum
2 EL Crème lègère
2 EL Walnusskerne
1 EL Weißweinessig
1 Msp. getrockneter Majoran
Lorbeerblatt
frisch gemahlener
schwarzer Pfeffer
Salz

Rote Bete in feine Würfel schneiden. Gemüsebrühe mit Lorbeerblatt und Majoran aufkochen und ca. 3 Min. köcheln lassen.

Rote Bete, wird auch küchenfertig eingeschweißt angeboten.

Rote Bete zugeben und ca. 5 Min. bei schwacher Hitze zugedeckt kochen. Dann Essig zugeben und noch ca. 2 Min. garen. Walnüsse grob hacken; Basilikum waschen, gut ausschwenken, Blättchen abzupfen, diese fein hacken. Lorbeerblatt aus der Brühe nehmen, die Walnüsse dazugeben und alles im Topf fein pürieren. Basilikum und Crème lègère zugeben. Mit Pfeffer und Salz abschmecken, nochmals gut umrühren.

Tipp: **Kräftige aromatische Soße für Bratenaufschnitt und Wildbret.**

Eintöpfe und Suppen

Schalotten schälen und grob zerteilen. Rote Bete waschen, schälen und in grobe Würfel schneiden. Butter in einem Topf zerlassen und Schalotten darin glasig dünsten. Rote Bete zugeben, Brühe angießen und kurz aufkochen. Danach Gemüse gar köcheln lassen. Topf vom Herd nehmen, Suppe pürieren (bei Bedarf durch ein geeignetes Sieb streichen und wieder in den Topf füllen). Nun

Rote-Bete-Suppe, amerikanische Art

Zutaten:
400 g Rote Bete
750 ml Geflügelbrühe
125 ml Schlagsahne
2 EL Crème fraîche
2 Schalotten
1 EL Butter
1 TL frisch geriebener Meerrettich
1 Prise gemahlener Koriander
frisch gemahlener schwarzer Pfeffer
Salz
Zitronensaft

Leckere Rote-Bete-Suppe, amerikanische Art

Sahne hineinrühren, mit Koriander, Pfeffer, Salz und Zitronensaft würzen, bei Bedarf nochmals erwärmen. Crème fraîche und Meerrettich separat gut verrühren und als Tupfer vor dem Servieren obenauf füllen.

TIPP: Dazu frisches Brot oder Baguette reichen.

Rote-Bete-Suppe mit Reis

Zutaten:
200 g Rote Bete
350 ml Gemüsebrühe
60 g Reis
1 TL saure Sahne
frisch gemahlener schwarzer Pfeffer
Salz

Rote Bete dünn schälen. Danach in kleine Würfel schneiden. Gemüsebrühe aufkochen, die Rote-Bete-Würfel und den Reis dazugeben. Ca. 25 Min. gar köcheln lassen. Vor dem Servieren mit Pfeffer und Salz abschmecken und mit der sauren Sahne verfeinern.

Rote-Bete-Topf mit Forellencreme, diabetisch

Zutaten:
150 g Rote Bete
200 ml Gemüsebrühe
80 g Kartoffeln
50 g Lauch
50 g Chinakohl
40 g geräuchertes Forellenfilet
2 EL Sauerrahm
1 EL Weißwein
1 TL frisch geriebener Meerrettich
1 TL Öl
gemahlener Koriander
etwas geriebene Zitronenschale
gehackter Dill
frisch gemahlener schwarzer Pfeffer
Salz

Rote Bete garen, abschrecken, schälen, in Würfel schneiden. Lauch putzen und in Ringe schneiden. Chinakohl putzen und in Streifen schneiden. Kartoffeln schälen und in Würfel schneiden. Lauch im Öl

Mit einem Gemüseschäler lassen sich rohe und gekochte Knollen problemlos schälen.

andünsten, Kartoffeln und eine Prise Koriander zugeben. Mit Gemüsebrühe und Wein ablöschen, kurz aufkochen und ca. 15 Min. zugedeckt köcheln lassen. Danach Kohl und Rote Bete zugeben, weitere ca. 5 Min. garen lassen.

Forellenfilet zerkleinern, mit Meerrettich, Sauerrahm und Zitronenschale gut vermischen. Dann mit Pfeffer und Salz würzen. Vor dem Servieren die gefüllten Teller mit etwas Forellencreme und Dill garnieren.

Rotkohl mit dem Essig in einer Porzellanschale mischen und beiseitestellen. Rote Bete garen, schälen und in Scheiben schneiden. Margarine in einem Topf erhitzen, Rote Bete zugeben und ca. 10 Min. andünsten. Brühe erhitzen und Rote Bete damit ablöschen. Rotweinessig zugeben, mit Pfeffer und Salz würzen. Ca. 15 Min. bei kleiner Hitze köcheln lassen. Topf vom Herd nehmen, Inhalt mit dem Mixer pürieren. Dann in eine Suppenterrine füllen und Sahne dazu gießen. Durch leichtes Umrühren marmorierte Effekte erzielen. Zuletzt den Rotkohl obenauf verteilen.

Russische Rote-Bete-Suppe

Zutaten:
500 g Rote Bete
1 l Hühnerbrühe
25 g Margarine
6 EL Sahne
1 EL Rotweinessig
frisch gemahlener schwarzer Pfeffer
Salz

Einlage:
2 EL Rotkohl, 1 EL Rotweinessig

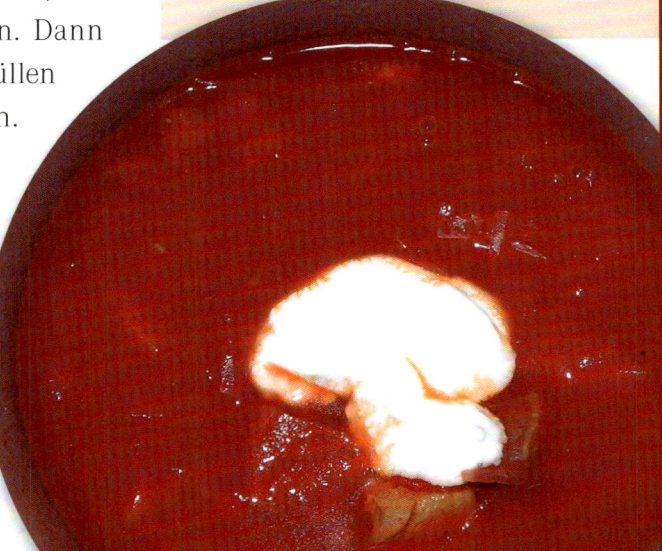

Borschtsch, vegetarisch

Zutaten:
400 g Rote Bete
800 ml Gemüsebrühe
400 g vorwiegend festkochende Kartoffeln
400 g Weißkohl
200 g Pizzatomaten (Trockenware)
200 g Räuchertofu
4 EL saure Sahne
3 EL Zitronensaft
2 EL Butter
2 Knoblauchzehen
2 Zwiebeln
2 TL Kümmel
1 TL Tomatenmark
1 Bund Dill
$\frac{1}{2}$ TL rosenscharfes Paprikapulver
frisch gemahlener schwarzer Pfeffer
Salz

Zwiebeln und Knoblauch schälen. Knoblauch fein hacken, Zwiebeln in feine Streifen schneiden. Dill waschen, gut ausschwenken, hacken. Kohl putzen, Strunk herausschneiden, Blätter in feine Streifen schneiden. Butter in einem Topf zerlassen. Kohl, Knoblauch und Zwiebeln darin ca. 4 Min. bei mittlerer Hitze dünsten. Tomatenmark einrühren und weitere ca. 30 Sekunden. dünsten. Dann Brühe aufgießen und Pizzatomaten einfüllen, mit Kümmel und Paprikapulver würzen, zugedeckt ca. 20 Min. bei mittlerer Hitze kochen. Kartoffeln und Rote Bete schälen, in 1 cm breite Streifen schneiden und dazugeben, ca. 25–30 Min. weitergaren. Tofu würfeln und ca. 5 Min. vor Ende der Kochzeit unterrühren. Borschtsch mit Essig, Pfeffer, Salz und Zitronensaft würzen. Mit Dill und saurer Sahne beträufelt servieren.

Rote Beten schälen, Paprika halbieren, entkernen, beides in kleine Stücke schneiden. Das Blattwerk waschen, trocken tupfen und fein schneiden, beiseitelegen. Tomaten am Strunk einschneiden, mit kochendem Wasser überbrühen und etwas stehen lassen. Danach kalt abschrecken, Schale abziehen und das Fruchtfleisch grob würfeln. Zwiebel schälen, fein würfeln, im Topf mit dem Olivenöl andünsten. Pfefferbeeren mörsern und mit der Roten Bete in den Topf füllen. Ca. 10 Min. bei kleiner Hitze weiter dünsten. Danach Paprika zugeben, mit Rotwein ablöschen, nochmals ca. 5 Min. köcheln lassen. Nun die Gemüsebrühe, das Blattwerk der Roten Bete und Tomatenwürfel unterrühren und köcheln lassen, bis das Gemüse noch bissfest ist. Küchenfertiges Zanderfilet in kleine Stücke schneiden. Thymian waschen, gut ausschwenken, Blättchen abzupfen. Fisch und Thymian in die Suppe geben und ca. 10 Min. gar ziehen lassen. Mit Pfeffer und Salz würzen. Die aufgefüllte Suppe mit Blättchen vom Zitronenbasilikum garnieren.

Rote-Bete-Fischtopf

Zutaten:
2 Rote Beten (mit Blattwerk)
500 ml Gemüsebrühe
400 g Zanderfilet
125 ml trockener Rotwein
6 Tomaten
1 rote Paprika
1 rote Zwiebel
1 TL frischen Thymian
$1/2$ TL rote Pfefferbeeren
1 Bund Zitronenbasilikum
frisch gemahlener schwarzer Pfeffer
Salz

Rote Bete und Zitrone

Rezepte

Borschtsch, original russische Art

Zutaten:
500 g Suppenfleisch
2 l Wasser
1 große Rote Bete
1 Weißkohl (400 g)
4 mittelgroße Kartoffeln
1 Zwiebel
1 Möhre
4 Zehen Knoblauch
150 g Tomatenmark
1 EL Zitronensaft
1 süße Paprika
2 Lorbeerblätter
1 TL Zucker
Salz
Schmalz
Schmand
frische Kräuter der Saison

Gemüse küchenfertig putzen. Fleisch mit 1 TL Salz im Wasser gar kochen. Danach Fleisch entnehmen, vom Knochen lösen, klein schneiden und wieder in die Brühe füllen.

Rote Bete schälen, nicht zu fein reiben, bei kleiner Flamme in wenig Schmalz dünsten, nach 10 Min. zerkleinerte Möhre, Knoblauch und Zwiebel dazu geben und 5 Min. fertig dünsten. Geschälte Kartoffeln in Stifte schneiden, Kohl in feine Streifen schneiden, beides in die Brühe füllen und 15 Min. kochen lassen. Danach gedünstete Rote Bete, fein geschnittenen Paprika, Lorbeerblät-

ter, Tomatenmark, Zitronensaft, Zucker dazu geben, gut verrühren und 10 Min. fertig köcheln lassen. Nach dem Abkühlen einen Tag stehen lassen (schmeckt aufgewärmt erst besonders gut). Vor dem Servieren mit Schmand und Kräutern anrichten.

Borschtsch, original russisches Rezept

Gemüsegerichte

Knollen und Blattwerk trennen. Knollen gar kochen, abschrecken, schälen, in kleine Würfel schneiden. Blattwerk waschen, gut ausschwenken und klein schneiden, Stängel in ca. 3 cm Stücke. Gemüsezwiebel schälen, in kleine Würfel schneiden, im Öl glasig dünsten, Rote-Bete-Stängel zugeben. Bei geringer Temperatur anbraten, nach ca. 3 Min.

Rote-Bete-Gemüse

Zutaten:
750 g Rote Bete (Knollen mit Blattwerk)
250 ml Gemüsebrühe
2 EL Weinessig
1 Gemüsezwiebel
1 EL weißen Balsamico
1 EL Zucker
4 EL Öl
Mehl

auch das Blattgrün zugeben, kurz dünsten lassen. Dann mit der Brühe ablöschen und mit Balsamico, Weinessig, Salz und Zucker abschmecken. Ca. 5 Min. abgedeckt köcheln lassen, danach die Rote-Bete-Würfel zum Blattgemüse geben. Bei zu dünner Soße mit etwas Mehl andicken.

Tipp: Passt zu Bratwurst, Leberkäse, Spiegelei und Kartoffelpüree.

Rote-Bete-Gemüse mit Meerrettich

Zutaten:
450 g Rote Bete
100 ml saure Sahne
4 EL Meerrettich
4 EL Öl
3 EL Dill
2 Zwiebeln
frisch gemahlener schwarzer Pfeffer
Salz

Rote Bete kochen, abschrecken, schälen und in kleine Würfel schneiden. Zwiebeln schälen, halbieren, in dünne Scheiden schneiden. Dill waschen, gut ausschwenken und fein hacken. Öl erhitzen und die Zwiebeln darin anbraten, bis sie leicht gebräunt sind. Rote Bete und Gewürze zugeben und ca. 10 Min. kräftig garen, damit das Zwiebelaroma gut einzieht. Dann Dill unterheben und alles in eine Servierschüssel füllen. Meerrettich und saure Sahne gut verrühren und vor dem Servieren darüber träufeln.

Rote-Bete-Gemüse mit Cilantro (Koriander)

Zutaten:
400 g Rote Bete
5 EL trockener Rotwein
4 Schalotten
2 EL Öl
1 EL Ahornsirup
1 TL Aceto Balsamico
1 TL Korianderkörner
frisch gemahlener weißer Pfeffer
Salz
einige Zweige Cilantro
(langer Koriander)

Rote Bete schälen, in 5 mm dicke Scheiben und danach in Streifen schneiden. Schalotten schälen und vierteln. Öl im Schmortopf erhitzen und Schalotten anbraten. Korianderkörner zerdrücken und zu der Roten

Rote-Bete-Gemüse mit Schmand

Bete geben. Mit Pfeffer und Salz würzen. Aceto Balsamico, Ahornsirup und Rotwein aufgießen, gut verrühren und alles ca. 25–30 Min. garen lassen. Cilantro waschen, ausschwenken und Blättchen abzupfen. Vor dem Servieren auf das Gemüse streuen.

Tipp: Passt zu Frikadellen und gekochtem Rindfleisch.

Gemüse waschen, abtropfen lassen, schälen. Möhren längs halbieren. Kartoffeln und Pastinaken vierteln. Rote Bete, Sellerie, Süßkartoffel und rote Zwiebel in Stücke schneiden. Weiße Zwiebeln ganz lassen. Backofen auf 200 °C vorheizen. Thymian waschen, gut ausschwenken. Blättchen abzupfen, mit Kümmel und Öl vermengen, mit Pfeffer und Salz abschmecken. Diese Marinade mit dem Gemüse vermengen, dann alles in eine Auflaufform füllen (die Rote Bete mehr am Rand platzieren – färbt sonst alles rot) und ca. 60 Min. im Backofen garen. Gelegentlich wenden und rechtzeitig mit Alufolie abdecken, sonst verbrennt das Wurzelgemüse. Dann Folie abnehmen, den Honig darüber träufeln und weitere 5 Min. leicht karamellisieren lassen. Danach sofort servieren.

Wurzelgemüse mit Roter Bete, gebacken

Zutaten:
2 Rote Beten
5 Möhren
5 Kartoffeln
4 kleine weiße Zwiebeln
2 Pastinaken
1 rote Zwiebel
1 Süßkartoffel
2 EL Olivenöl
2 EL Honig
1 $\frac{1}{2}$ TL Kümmel
$\frac{1}{2}$ Knolle Sellerie
frisch gemahlener schwarzer Pfeffer
Salz
einige Zweige Thymian

Wurzelgemüse mit Roter Bete, gebacken

Rote Bete, gebacken

Zutaten:
500 g Rote Bete
4 EL Zitronensaft
3 EL Olivenöl
1 EL Frischkäse
3 TL gehackter Rosmarin
1 EL Honig
Chilipulver
frisch gemahlener schwarzer Pfeffer
Salz

Rote Bete schälen und in Scheiben schneiden. Folie auf ein Backblech legen. Rote-Bete-Scheiben darauf verteilen. Alle weiteren Zutaten gut miteinander vermischen und auf die Scheiben streichen. Folie einschlagen und wie einen Bonbon zusammendrehen. Im vorgeheizten Backofen auf mittlerer Schiene ca. 35 Min. bei ca. 200 °C garen.

Rote Bete, ukrainische Art

Zutaten:
2 Rote Beten
4 EL Öl
2 EL Zucker
2 Nelken
1 Bund Dill
1 Tasse saure Sahne
Essig
Knoblauch
Salz

Rote Bete waschen, trocken tupfen, schälen und in feine Streifen schneiden. In Öl andünsten, mit Essig, Knoblauch, Nelken und Salz abschmecken. Mit frisch gehacktem Dill und der sauren Sahne verfeinern.

Rote Bete,
zum Garen in der Folie vorbereitet

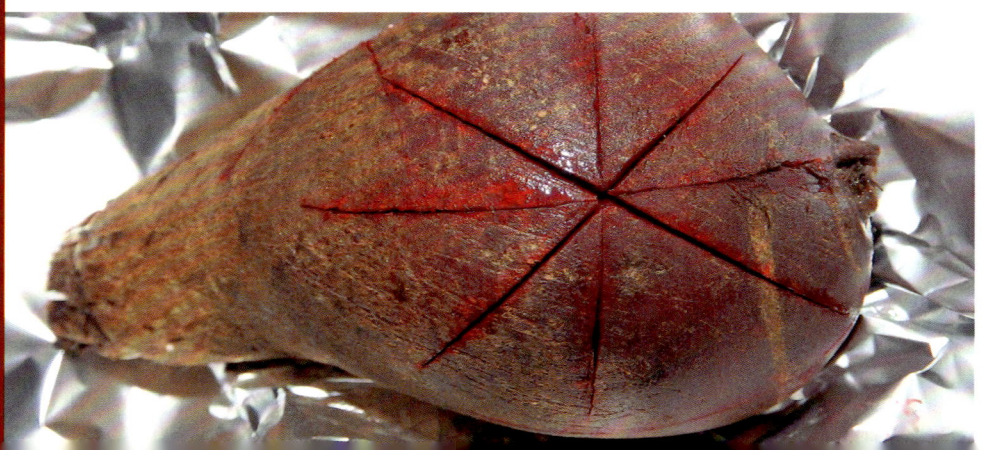

Pasta, Spätzle und Knödel

Blattgrün von den Knollen der Roten Bete schneiden, waschen, gut ausschwenken. Stängel in ca. 2 cm lange Stücke schneiden. Blätter getrennt in Streifen schneiden. Rote Bete schälen, vierteln und in dünne Scheiben schneiden. Rosmarinnadeln von den Zweigen zupfen, fein hacken. Zwiebel schälen und fein würfeln. Butter in einer hohen Pfanne schmelzen und darin die Zwiebeln glasig anschwitzen, Zucker darüber streuen und kurz karamellisieren lassen. Dann die Stängelstücke, Rote-Bete-Scheiben und den

Rote-Bete-Gemüsesoße an Nudeln

Zutaten:
3 kleine Rote Beten mit Blattgrün
(oder 4 Stück ohne Blattgrün)
300 g Nudeln (Tagliatelle oder Farfalle mit Roter Bete)
150 ml Sahne
3 Rosmarinzweige
2 TL körniger Senf
2 TL mittelscharfer Senf
1 Zwiebel
1 EL Butter
1 TL Zucker
frisch gemahlener schwarzer Pfeffer
Salz

Rosmarin zugeben. Mit Pfeffer und Salz würzen und bei schwacher Hitze ca. 10 Min. dünsten. Nudeln laut Anleitung in reichlich Salzwasser bissfest garen. Zwischenzeitlich die Sahne und Senfsorten vermengen und mit 50 ml Wasser ca. 3 Min. vor Ende der Nudelgarzeit ins Gemüse füllen. Kurz aufkochen lassen und dann die Blattstreifen der Rote Bete unterrühren, zusammenfallen lassen. Mit Pfeffer und Salz würzen. Nudeln abgießen und abgetropft mit der Rote-Bete-Gemüsesoße servieren.

Rote-Bete-Lasagne

Zutaten:
100 g Rote Bete
100 g Möhren
100 ml Milch
100 ml Gemüsebrühe
75 g Lauch
30 g fettreduzierten Gouda
3 Vollkorn-Lasagne Platten
2 TL Diätmargarine
1 EL Hüttenkäse
1 Petersilienwurzel
1 TL Mehl
1 TL Rosmarin
1 TL Thymian
1 Msp. zerdrückten Knoblauch
$\frac{1}{2}$ TL zerstoßene Pfefferbeeren
Muskat, Salz
frisch gemahlener schwarzer Pfeffer
etwas Zitronenschalenabrieb

Küchenfertige Rote Bete in Scheiben schneiden. Möhren und Petersilienwurzel putzen und in Scheiben schneiden. Knoblauch schälen und zerdrücken. Knoblauch, Lauch, Möhren und Petersilienwurzel in 1 TL Margarine andünsten. Mit Mehl bestäuben, mit Gemüsebrühe und Milch ablöschen, mit Gewürzen ca. 5 Min. garen. Hüttenkäse, Kräuter und Zitronenschale zugeben. Gratin- oder Auflaufform mit etwas Margarine ausfetten. Boden dünn mit Gemüsesoße ausstreichen und mit 1 Lasagne Platte auslegen. Restliche Soße, Rote Bete und weitere Platten schichtweise darüber verteilen. Obenauf mit dem geriebenen Käse bestreuen. Im vorgeheizten Backofen bei ca. 180 °C etwa 25 Min. backen. Vor dem Servieren mit den Pfefferbeeren bestreuen.

Rote-Bete-Spätzle mit Gorgonzolasoße

Zutaten:
300 g Rote Bete
400 g Weizenmehl
2 Eier
2 EL Butter
Milch
frisch gemahlener schwarzer Pfeffer
$\frac{1}{2}$ TL Piment gemahlen

Rote Bete ca. 45 Min. in Salzwasser gar kochen, kalt abschrecken, schälen und in Stücke schneiden. Diese pürieren, mit Pfeffer, Piment und Salz würzen. Eier, Mehl und Milch portionsweise in das Püree mengen, bis ein geschmeidiger Teig entsteht. Diesen Teig durch eine Spätzlepresse in heißes Wasser pressen und kochend garen, bis die Spätzle an der Wasseroberfläche schwimmen. Dann abgießen, kalt abschrecken, in eine Schale füllen und Butter in Scheibchen darüber geben. Im Backofen warm halten. Käse ständig rührend in die heiße Milch geben und kurz aufkochen lassen. Sahne dazu füllen und mit dem Schneebesen kräftig rühren bis eine cremige Soße entsteht. Soße mit den Spätzles servieren.

Soße:
200 g Gorgonzola gerieben
150 ml Milch
125 ml Schlagsahne

Brötchen in Scheiben schneiden und in eine Schüssel legen. Rote Bete gar kochen, abschrecken, schälen und klein schneiden. Eier und Rote Bete im Mixer pürieren, Sahne zugeben, mit Pfeffer und Salz würzen. Mi-

Rote-Bete-Knödel

Zutaten:
200 g Rote Bete
250 g alte Brötchen
100 g Sahne
80 g Frühlingszwiebeln
75 g Bergkäse
40 g Parmesankäse
20 g Butter
3 Eier
3 EL Petersilie
1 EL Mehl
1 TL Salz
1 TL Thymian
frisch gemahlener schwarzer Pfeffer

Rote-Bete-Knödel zu Kasseler

schung über die Brötchen gießen, gut verteilen und ca. 20 Min. zugedeckt ziehen lassen. Frühlingszwiebeln putzen, feine Ringe schneiden. Butter in einer Pfanne erhitzen, die Zwiebeln darin andünsten. Petersilie und Thymian waschen, gut ausschwenken, fein schneiden, in die Pfanne geben, umrühren. Alles zusammen mit dem geriebenen Parmesan gut mit der Brötchenmasse vermengen. Bergkäse entrinden und fein würfeln, dann mit dem Mehl in den Teig kneten. Mit Pfeffer und Salz abschmecken und ca. 10 Min. ruhen lassen. Gut gesalzenes Wasser zum Sieden bringen. Aus dem Teig Knödel formen, hineingeben, die Hitze etwas reduzieren. Knödel ca. 15 Min. gar ziehen lassen, bis sie aufsteigen, dann herausheben und servieren.

Tipp: **Passt zu Fleisch und Salat.**

Ronenknödel

Zutaten:
130 g gekochte Ronen (Rote Bete)
300 g Knödelbrot (Semmelwürfel)
100 g fein gehackte Zwiebel
3 Eier
2 EL Öl
1 EL Mehl
gemahlener Kümmel
frisch gemahlener schwarzer Pfeffer
Salz

Brot mit wenig Wasser anfeuchten und kurz ziehen lassen. Mit Mehl bestäuben, mit Pfeffer, Salz und Kümmel würzen. Ronen (Rote Bete) schälen, fein hacken und ausdrücken – oder einen Teil davon pürieren. Zwiebel im heißen Öl anschwitzen. Eier, Zwiebel und Ronen mit dem Brot zu einer glatten Masse verkneten. Knödel formen und in Salzwasser gar kochen. Wer die Knödel über einem Dampfbad gart, hat schöner ausgefärbte Knödel auf dem Tisch.

Tipp: **Heiße Knödel auf Rahmblattspinat oder Rahmlauchsoße servieren.**

Quiche, Tarte und Blechkuchen

Butter in kleine Würfel schneiden. Butter, Ei, Mehl und Wasser zu einem glatten Teig verrühren. In Frischhaltefolie rollen und ca. 30 Min. kalt stellen. Gemüse küchenfertig zubereiten. Möhren und Pastinaken längs halbieren. Rote Bete in dünne Scheiben schneiden. Lauchzwiebeln in Ringe schneiden. Tofu fein würfeln. Sahne und Salz gut verrühren. Tarteform einfetten. Teig auf einer bemehlten Arbeitsfläche für die Tarteform ausrollen. In die Form legen und Rand gut andrücken. Gemüse und Tofu darauf auslegen, Guss darüber geben. Im vorgeheizten Backofen bei ca. 175 °C Umluft etwa 45 Min. backen.

Rote-Bete-Quiche

Zutaten:
200 g Rote Bete
250 g Dinkelmehl
200 g Möhren
200 g Pastinaken
200 ml Schlagsahne
130 g kalte Butter
100 g Räuchertofu
75 g Reibekäse
6 Eier
3 Lauchzwiebeln
$\frac{1}{4}$ TL gemahlener Kümmel
frisch gemahlener schwarzer Pfeffer
Salz

Teig:
1 Ei
$\frac{1}{4}$ TL Salz
2 EL Wasser
Mehl

Guss:
5 Eier, Käse
Kümmel, Pfeffer, Salz
Sahne

Rote-Bete-Apfel-Rolle
(Seite 62) – frisch aus dem Ofen

Ziegenkäsetarte mit Rote Bete

Zutaten:
Teig:
150 g Mehl
75 g Butter
1 Ei
1 Prise Salz
Mehl für die Arbeitsplatte
Öl zum Auspinseln der Tarteform

Belag:
400 g Rote Bete
400 ml Sahne
150 g Ziegenkäse
4 Eier
2 EL Balsamico
1 rote Zwiebel
1 EL Pflanzenöl
1 EL Thymian
1 EL brauner Zucker
frisch gemahlener schwarzer Pfeffer
Salz
Hülsenfrüchte zum Blindbacken

Teig: Butter in kleine Stücke teilen und mit dem Ei, Mehl und Salz zu einem glatten, geschmeidigen Teig kneten. In Frischhaltefolie wickeln und ca. 30 Min. in den Kühlschrank stellen. Backofen auf ca. 200 °C vorheizen.

Rote-Bete-Knollen waschen, abtupfen, in Folie wickeln. Auf einem Backblech ca. 40 Min. bei 180 °C weich backen. Etwas erkalten lassen, schälen und für den Tartebelag klein schneiden.

Teig aus dem Kühlschrank nehmen und in Größe der Tarteform auf der bemehlten Arbeitsplatte auswellen. Tarteform mit Öl auspinseln und mit dem Teig auslegen. Teig mit Backpapier belegen und darauf die Hülsenfrüchte (z. B. Erbsen) verteilen. Im Backofen ca. 10 Min. blind backen, Form herausnehmen, Hülsenfrüchte und Backpapier entfernen. Temperatur des Backofens auf 180 °C reduzieren.

Zwiebel schälen und in feine Spalten schneiden. Thymian waschen, gut ausschwenken, fein hacken. Ziegenkäse in dünne Scheiben schneiden. Zwiebel in der Pfanne im Öl leicht anschwitzen, Balsamico und Zucker zugeben, unterschwenken und etwas karamellisieren lassen. Mit Pfeffer und Salz würzen, die Pfanne vom Herd nehmen. Eier mit Sahne und Thymian verquirlen, mit Pfeffer und Salz abschmecken. Käse, Rote Bete und

Zwiebeln gleichmäßig auf dem Tarteboden verteilen, die Eiersahne darüber gießen. Im Backofen etwa 35–40 Min. goldbraun fertig backen.

Zwiebeln schälen, in Scheiben schneiden. Gurke schälen, Tomate waschen, beides in Scheiben schneiden. Rote Bete grob würfeln. Dill und Petersilie fein hacken.

Backofen vorheizen. Crème fraîche, Eier, Reibekäse, Öl und Soßenbinder gut verquirlen, Danach die Kräuter hineinmischen. Mit Salz und Pfeffer abschmecken. Den Hefeteig laut Anleitung in eine geeignete Form auslegen. Das Gemüse zuerst gleichmäßig darauf verteilen, Eiermasse darüber gießen. Im Backofen ca. 25 Min. bei 180 °C backen.

Herzhafter Rote-Bete-Hefekuchen für Eilige à la Ev

Zutaten:
4 Rote Beten (gegart, eingeschweißt)
2 rote Zwiebeln
2 Tomaten
$\frac{1}{2}$ grüne Gurke
2 Eier
1 Becher Crème fraîche Kräuter
2 EL Reibekäse
1 EL Soßenbinder hell
1 TL Öl
2 Stängel Dill
Petersilie
Kräutersalz
frisch gemahlener schwarzer Pfeffer
1 Hefeteigrolle TK auf Backpapier

Rote-Bete-Kuchen, frisch aus dem Ofen

Rezepte

Rote-Bete-Apfel-Rolle

Zutaten:
2 Rote Beten
2 Äpfel
2 Eier
1 EL geriebener Käse
2 EL Soßenbinder hell
1 Becher Crème fraîche oder Frischkäse
Öl
Curry
Salz
frisch gemahlener schwarzer Pfeffer
frische Kräuter der Saison
1 Hefeteigrolle TK auf Backpapier

Rote Bete gar kochen, abschrecken, schälen, reiben. Apfel schälen, ausschneiden, reiben. Beide Reibemassen in einer Schüssel mit den Eiern, Käse und Soßenbinder verquirlen; mit den Gewürzen abschmecken. Frische Kräuter fein hacken und einmischen. Backofen vorheizen.

Den Hefeteig laut Anleitung auf ein Blech legen und ausrollen. Die Gemüseeiermasse darauf verteilen, an den Rändern ca. 3 cm frei lassen. Nun die Seitenteile nach innen einrollen (siehe Foto) und die Enden mit der Gabel drückend verschließen. Die fertige Rolle mit Öl einpinseln und im Backofen bei 180 °C ca. 25 Min. goldgelb backen. Noch warm mit Crème fraîche servieren.

*Rote-Bete-Apfel-Rolle –
angeschnitten und serviert.*

Aufläufe und Gratins

Kartoffel kochen, halbieren und aushöhlen – stabiler Rand muss stehen bleiben! Zwiebeln putzen, Thymian waschen, gut ausschwenken und beides hacken. Die ausgehobene Kartoffelmasse mit Crème fraîche, Käse, Thymian und Zwiebeln vermengen. Mit Pfeffer und Salz abschmecken und wieder in die Kartoffelhälften füllen. Diese Hälften auf eine ge-

Rote Bete an überbackenen Kartoffeln

Zutaten (für 4 Portionen):
600 g Rote Bete
1,2 kg Kartoffeln
100 g Ziegenkäserolle
4 Stängel Thymian
4 EL Crème fraîche
2 EL Öl
2 EL Sonnenblumenkerne
1 EL Zitronensaft
1 Birne
1 TL Honig
$^1/_2$ Bund Lauchzwiebeln
frisch gemahlener schwarzer Pfeffer
Salz
Butter

Rote Bete mit Blatt und Stiel

fettete Auflaufform setzen und im vorgeheizten Backofen bei ca. 200 °C etwa 20 Min. überbacken.

Birne und Rote Bete schälen, Birne entkernen und beides grob raspeln. Honig, Öl, Pfeffer, Salz und Zitronensaft vermengen und mit dem Birne-Rote-Bete-Salat mischen. Sonnenblumenkerne rösten, unterheben und den Salat zu den überbackenen Kartoffelhälften servieren.

Rote-Bete-Auflauf

Zutaten:
500 g kleine Rote Bete
200 ml Gemüsebrühe
200 g Magerquark
150 g Champignons
100 g Raclettekäse
50 g Walnüsse
2 Eier
1 Zwiebel
1 Bund Petersilie
frisch gemahlener schwarzer Pfeffer
Salz

Rote Bete gar kochen, abschrecken, schälen und in dünne Scheiben schneiden. Zwiebel schälen, fein hacken. Champignons putzen, in Scheiben schneiden und mit Zwiebel und Roter Bete in eine Auflaufform schichten. Brühe, Eier und Quark verrühren, pfeffern und salzen, dann über das Gemüse gießen. Auflauf im vorgeheizten Backofen bei 200 °C ca. 60 Min. backen. Inzwischen Käse reiben und Walnüsse hacken. Petersilie waschen, ausschwenken, Blätter abzupfen und hacken. Käse, Petersilie und Walnüsse zuletzt über den Auflauf streuen und 15 Min. gratinieren.

Rote-Bete-Kartoffel-Gratin

Zutaten:
300 g frische Rote Bete
300 g vorwiegend festkochende Kartoffeln
250 g Magerquark
250 ml Gemüsebrühe
150 g Champignons
50 g würziger Schnittkäse
50 g Walnüsse
2 Eier
1 Zwiebel
1 Bund Petersilie
frisch gemahlener schwarzer Pfeffer
Salz

Rote Bete und Kartoffeln schälen, Champignons putzen, alles in Scheiben schneiden. Zwiebel schälen und hacken. Kartoffeln und Zwiebeln in eine Auflaufform geben. Rote Bete und Pilze obenauf schichten. Eier, Quark und Gemüsebrühe verrühren, mit Pfeffer und Salz abschmecken und über dem Gemüse verteilen. Im vorgeheizten Backofen bei ca. 200 °C etwa 60 Min. backen. Käse reiben. Walnüsse hacken. Petersilie waschen, gut ausschwenken und fein schneiden. Alles über das Gratin streuen und nochmals ca. 8 Min. überbacken lassen.

Tipp: Dazu passt ein frischer Blattsalat.

Rindfleisch trocken tupfen und in Scheiben (ca. 1 cm) schneiden. Zwiebeln schälen, in Ringe schneiden. Küchenfertige Kartoffeln, Möhren und Rote Bete schälen, dann in dünne Scheiben schneiden.

Lorbeer zerbröseln und mit dem getrockneten Oregano mischen. Alle Zutaten und das Fleisch schichtweise in eine geeignete Auflaufform legen. Beginnen mit 100 g Speckscheiben. Jede Schicht mit etwas Oregano-Mischung, Pfeffer und Salz würzen. Mit restlichen Speckscheiben obenauf abschließen.

Brühe und Rotwein mischen, in die Auflaufform füllen, die aber nur halb mit der Flüssigkeit gefüllt sein soll. Mit Deckel oder Alufolie abdecken und im vorgeheizten Backofen bei 150 °C Umluft ca. 120 Min. garen lassen. Vor dem Servieren mit frischem Oregano garnieren.

Rote-Bete-Schichttopf mit Rindfleisch

Zutaten (für 4 Portionen):
500 g Rote Bete
800 g Kartoffeln
400 g Möhren
300 ml trockener Rotwein
300 ml Gemüsebrühe
200 g Frühstücksspeck (Scheiben)
800 g Rindfleisch
2 Zwiebeln
2 Lorbeerblätter
2 TL getrockneter Oregano
2 Stängel frischer Oregano

Rote-Bete-Kugeln am Büfett

Hauptgerichte

Rote-Bete-Buletten, vegetarisch

Zutaten:
500 g Rote Bete
200 g Gries
ca. 100 g Seidentofu
Dinkelpaniermehl
Muskat
Pflanzenöl
Petersilie
frisch gemahlener schwarzer Pfeffer
Salz
Schmand

Rote Bete gar kochen, abschrecken, schälen, würfeln, pürieren. Püree auf kleiner Flamme erwärmen und langsam den Gries unterrühren. Masse muss so dick werden, dass sie nicht mehr vom Löffel fließt. Petersilie waschen, ausschwenken und fein hacken. Rote-Bete-Masse erkalten lassen, dann Tofu zugeben. Aber nicht zu viel, Masse wird sonst zu locker. Alles gut vermengen und würzen.

Buletten formen, im Paniermehl wälzen und in der Pfanne braten, bis sie eine schöne Kruste haben. Mit Schmand und der Petersilie garniert servieren.

Rote-Bete-Buletten, ungebraten ...   *... und knusprig*

Petersilie waschen, gut ausschwenken und fein schneiden. Kartoffeln schälen, in Wasser mit dem Meersalz gar kochen. Zwiebel schälen, klein schneiden und in der heißen Butter glasig anbraten. Kartoffeln abgießen und mit der Brühe, Milch und den Zwiebeln zu einem groben Brei stampfen. Rote Bete abtropfen lassen, davon 50 g klein schneiden und mit dem zerkleinerten Cornedbeef in den Kartoffelbrei mischen, ebenso 3 EL Rote-Bete-Saft.

Mit Pfeffer und Salz würzen. Eier in der Margarine zu Spiegelei braten. Den Kartoffelbrei mit Scheiben von Roter Bete, Rollmöpsen und Gewürzgurken anrichten. Spiegelei obenauf geben und mit Petersilie bestreuen.

Labskaus

Zutaten:
1 Glas Rote-Bete-Scheiben
(430 g abgetropft)
500 g mehlig kochende Kartoffeln
400 g Corned Beef (Dose)
125 ml Milch
125 ml Gemüsebrühe
10 g Margarine
10 g Butter
8 Rollmöpse
8 Gewürzgurken
4 Eier
1 Zwiebel
Meersalz
frisch gemahlener schwarzer Pfeffer
Petersilie
Salz

*Kartoffelbrei mit Roter Bete
gemischt – eine Zutat für Labskaus*

Rezepte

Norwegischer Senffisch mit Roter Bete

Zutaten:
250 g Rote Bete
1 kg Rotbarsch (küchenfertig)
100 g Butter
2 EL Senf
2 EL Kapern
1 Zwiebel
1 EL Öl
1 Bund Dill
frisch gemahlener weißer Pfeffer
Salz
Wasser

Dill waschen, gut ausschwenken und fein schneiden. Zwiebel schälen und fein hacken. Kapern abtropfen lassen und grob hacken. Rote Bete gar kochen, abschrecken, schälen und in dünne Scheiben schneiden. Fischfilet leicht salzen und in einen gefetteten Bräter legen, mit Dill bestreuen. Wenig Wasser zugeben. Zugedeckt in der Bratröhre bei schwacher Hitze gar ziehen lassen. Butter erhitzen und Zwiebel darin leicht bräunen lassen, Kapern zugeben. Zwiebelbutter mit Senf pikant abschmecken. Nun den Bräter öffnen und den fast garen Fisch mit den Rote-Bete-Scheiben belegen. Die Senf-Zwiebel-Butter-Mischung darüber verteilen und in der Bratröhre etwa 10 Min. fertig garen, bis die Fischfilets servierfertig sind.

Tipp: Zu Kräuterkartoffeln oder Reis servieren.

Norwegischer Senffisch mit Roter Bete

Gewaschene Rote Bete in Salzwasser unter Zugabe von Essig, Lorbeerblättern, Nelken, Senfkörnern und Zucker ca. 60 Min. zugedeckt gar kochen. 12 Min. vor Kochende 2 Eier zugeben und hart kochen. Abgießen, Bete und Eier abschrecken und schälen. Kartoffeln schälen, grob zerteilen und in Salzwasser ca. 20–25 Min. gar kochen. Cornichons abtropfen lassen, 120 g fein würfeln, den Rest in längliche feine Streifen schneiden und beiseitestellen. Eier fein hacken und mit den gewürfelten Cornichons vermengen.

Rote-Bete-Carpaccio an Krabben

Zutaten (für 4 Portionen):
8 Rote Beten
800 g mehlig kochende Kartoffeln
400 g Krabbenfleisch
150 g Cornichons (Gürkchen)
120 g Senfgurke
100 ml Essig
80 g Butter
6 Eier
2 Lorbeerblätter
2 Gewürznelken
1 EL Senfkörner
1 EL Zucker
frisch gemahlener weißer Pfeffer
Salz

5 Rote Beten in Scheiben schneiden und beiseite stellen. 3 Rote Beten und die Senfgurken würfeln und mit 3 EL Sud der Senfgurken fein pürieren. Kartoffeln abgießen und gut ausdampfen lassen, mit dem Rote-Bete-Püree grob zerstampfen. 30 g Butter unterheben, mit Pfeffer und Salz gut würzen. Gurken-Eier-Mischung unterrühren. 20 g Butter schmelzen und das Krabbenfleisch kurz erwärmen.

Die 4 Eier in 30 g Butter zu Spiegeleiern braten, mit Pfeffer und Salz würzen. Gurkenstreifen und Rote-Bete-Scheiben verteilt auf 4 Tellern anrichten, Püree in die Mitte setzen und je eine kleine Mulde eindrücken. Krabben und Spiegeleier darauf anrichten und sofort servieren.

Rote-Bete-Blinis mit Putenragout

Zutaten (für 4 Portionen):
Blinis:
200 g Rote Bete
100 g mehlig kochende Kartoffeln
100 g Mehl
75 ml Wasser
10 g Hefe
2 Eier
1 EL Öl
frisch geriebene Muskatnuss
frisch gemahlener schwarzer Pfeffer
Salz

Ragout:
400 g Putenbrust
200 ml Geflügelfond
100 g Sahne
75 ml Weißwein
25 g Mehl
1 Stange Lauch
1 Zwiebel
1 EL Butterschmalz
frisch gemahlener schwarzer Pfeffer
Salz

Garnitur:
1 Apfel
$^1/_2$ Bund Schnittlauch

Rote Bete in Salzwasser gar kochen, abschrecken, schälen, klein würfeln und im Mixer pürieren. Kartoffeln gar kochen, pellen und grob stampfen. Eier trennen. Hefe im lauwarmen Wasser glatt rühren und mit den Eigelben, zerstampften Kartoffeln und Rote-Bete-Püree verrühren. Mehl unter die Mischung rühren. Eiweiße mit einer Prise Salz zu steifem Schnee schlagen und unter den Teig heben, Masse mit Muskat, Pfeffer und Salz abschmecken. Zugedeckt ca. 15 Min. gehen lassen. Putenbrust waschen, trocken tupfen, in Würfel schneiden. Zwiebel schälen und fein schneiden. Lauchstange halbieren, waschen, klein schneiden. Butterschmalz in einer Pfanne erhitzen und darin das Fleisch und die Zwiebel anbraten. Mehl darüber streuen und umrühren. Mit Weißwein ablöschen, Geflügelfond und Sahne zugeben, ca. 12−15 Min. einkochen lassen. Mit Pfeffer und Salz würzen.

Apfel schälen, entkernen und grob reiben. Schnittlauch waschen, gut ausschwenken und in kleine Röllchen schneiden.

Öl in einer Pfanne erhitzen und aus dem Teig kleine flache Blinis formen und backen. Noch warm mit je einem Löffel Ragout dekoriert anrichten. Mit geriebenem Apfel und Schnittlauchröllchen garniert servieren.

Rote Bete zu Lammkarree

Zutaten:
100 g Rote Bete (Konserve)
1 kg mehlig kochende Kartoffeln
150 ml Milch
2 EL Butter
4 Knoblauchzehen
4 Stängel Rosmarin
4 EL Pflanzenöl
1 Zitrone
2 Lammkarrees à 300 g
2 Frühlingszwiebeln
1 TL Olivenöl
je ein halbes Bund Dill
Petersilie und Schnittlauch
Muskatnuss
frisch gemahlener schwarzer Pfeffer
Salz

Rote Bete abtropfen lassen und in kleine Würfel schneiden. Knoblauchzehen schälen und halbieren. Zitrone auspressen, Saft beiseite stellen. Kräuter waschen, trocken schwenken und grob hacken. Zwiebeln putzen, schräg in feine Streifen schneiden. Kräuter und Zwiebel mit Olivenöl und etwas Zitronensaft marinieren. Backofen auf ca. 125 °C vorheizen. Kartoffeln schälen, vierteln, in Salzwasser gar kochen, abgießen und unter Zugabe von Butter und Milch grob zerstampfen. Mit Muskatnuss, Pfeffer und Salz würzen und warm beiseite stellen.

Küchenfertiges Lammkarree ca. 120 Min. vor der Zubereitung aus dem Kühlschrank nehmen, salzen und im Pflanzenöl mit Knoblauch und Rosmarin ca. 10 Min. rundherum braun anbraten. Danach weitere 15 Min. im Backofen bei 80 °C gar ziehen lassen, am besten zartrosa.

Rote Bete auf dem Kartoffelstampf verteilen und mit Kräutern garnieren, zum Lammkarree servieren.

Rote Bete
an Rindergeschnetzeltem

Zutaten:
80 g Rote-Bete-Scheiben (Konserve)
250 g Rumpsteak
80 g Gewürzgurken
50 ml Weißwein
100 ml Wasser
20 ml Rapsöl
3 EL Crème fraîche
3 Stängel Dill
1 Zwiebel
1 TL Mehl
gemahlener Koriander
frisch gemahlener schwarzer Pfeffer
Salz

Rote Bete und Gurken abtropfen lassen, dann in Streifen schneiden. Geschälte Zwiebel halbieren und in schmale Streifen schneiden. Rumpsteak kalt abspülen und trocken tupfen. In ca. 1 cm breite und etwa 3 cm lange Streifen schneiden. Rapsöl in einer Pfanne erhitzen und das Fleisch kräftig, öfter wendend anbraten. Mit einer Prise Koriander, Pfeffer und Salz würzen. Fleisch aus der Pfanne nehmen und beiseite stellen. Zwiebeln im Bratfett hellbraun dünsten, umrühren, Mehl darüber stäuben und anschwitzen. Wasser und Wein einrühren, aufkochen lassen, Crème fraîche einrühren. Danach Fleisch, Gurken und Rote Bete in die Soße füllen und kurz aufkochen. Nochmals mit Pfeffer und Salz abschmecken. Dill waschen, trocken tupfen, fein hacken. Vor dem Servieren in das Geschnetzelte einstreuen.

Tipp: Passt zu Reis

Champignons putzen, in Scheiben schneiden. Gewürzgurken abtropfen lassen und in feine Streifen schneiden. Rote Bete gar kochen, abschrecken, schälen und in Streifen schneiden. Zwiebel schälen und in Scheiben schneiden. Petersilie waschen, gut ausschwenken und fein hacken. Rinderfilet in Streifen schneiden.

Pflanzenfett in einer Pfanne erhitzen, Filetstreifen darin gut anbraten. Mit Pfeffer und Salz würzen. Den Ansatz mit dem erwärmten Weinbrand abflämmen. Fleisch aus der Pfanne nehmen, warm stellen.

Im Bratensatz die Zwiebel glasig dünsten, Champignons zugeben mit Rotwein und saurer Sahne angießen, kurz aufkochen lassen. Gewürzgurke und Rote Bete zugeben. Filetstreifen zugeben und mit dem Senf, Pfeffer und Salz abschmecken. Vor dem Servieren mit Petersilie bestreuen.

Tipp: Passt zu Reis, Rösti, Kartoffelpüree

Filetspitz Stroganoff mit Roter Bete

Zutaten:
100 g Rote Bete
700 g Rinderfilet
250 g Champignons
150 g Zwiebel
125 ml saure Sahne
100 g Gewürzgurken
75 g Pflanzenfett
4 cl roter Burgunderwein
3 cl Weinbrand (mind. 38 Vol.-%)
2 EL Petersilie
1 EL Senf
frisch gemahlener schwarzer Pfeffer
Salz

Rote-Bete-Kugeln als Beilage

Desserts und Eis

Rote Bete, karamellisiert mit Orangenscheiben

Zutaten:
1 Rote Bete
50 g Süßrahmbutter
2 Orangen
Butter
Orangensaft
Rohrzucker
Sternanis, Walnüsse

Rote Bete schälen, in feine Scheiben schneiden. Orangen schälen, weiße Haut entfernen, in Scheiben schneiden. Butter in einer Pfanne zerlassen und die Rote-Bete-Scheiben einlagig wenige Minuten dünsten. Sternanis mahlen und auf die Rote Bete streuen. Orangescheiben ebenso, aber nur kurz andünsten. Walnüsse grob zerteilen und mit dem Rohrzucker in die Pfanne geben. Mit einem Schuss Orangensaft ablöschen und kurz einziehen lassen. Bete- und Orangescheiben abwechselnd übereinander oder nebeneinander auf Tellern anrichten. Mit der Nussmischung dekoriert servieren.

Rote-Bete-Gelee mit Maracuja

Zutaten (für 6 Portionen):
250 ml Rote-Bete-Saft
450 ml Maracujasaft
200 ml Schlagsahne
80 g Zucker
7 Blatt weiße Gelatine
3 EL Orangenlikör
1 Limette

Limette waschen, trocken tupfen, Schale abreiben. Maracujasaft und Zucker in einem Topf erhitzen, bis der Zucker vollständig aufgelöst ist. Gelatine im kalten Wasser einweichen, tropfnass in den heißen Saft geben und umrühren. Dann Rote-Bete-Saft einrühren. Den Saft in 6 Förmchen verteilen und über Nacht im Kühlschrank fest werden lassen. Förmchen kurz in warmes Wasser stellen und dann die Gelees auf 6 Tellerchen stürzen. Vor dem Servieren die geschlagene Sahne darauf anrichten und mit Limettenschale garnieren.

Rote-Bete-Eis

Zutaten:
4 Rote Beten
1 l Sahne
150 g Puderzucker
6 Eigelbe
1 Orange
1 Vanilleschote

Rote Bete garen, abschrecken, schälen und pürieren. Orange abwaschen, trocken tupfen und mit dem Zestenschäler die Schale abreiben. Vanilleschote längs aufschlitzen, Mark herauskratzen. Sahne erhitzen, dann vom Herd nehmen. Eigelbe und Puderzucker gut hinein quirlen, der Zucker muss sich aufgelöst haben. Vanillemark in die Sahne geben. Rote-Bete-Püree und die Orangenschale unterheben. Masse in geeigneten Behältern gefrieren lassen.

Rote-Bete-Granita*

Zutaten:
300 g Rote Bete
330 ml Rote-Bete-Saft
3 TL Meerrettich
1 Apfel
1 EL Apfelessig
$\frac{1}{2}$ TL gemahlener Piment

Granita ist eine sizilianische Eisspezialität in einer Sorbet ähnlichen Konsistenz.

Meerrettich reiben, beiseite stellen. Rote Bete schälen, in ca. 1 cm große Stücke schneiden und mit 1 Prise Salz im Rote-Bete-Saft bei geringer Hitze ca. 25–30 Min. gar kochen. Ca. 10 Min. abkühlen lassen. Apfel schälen, vierteln, entkernen und in Stücke schneiden. Apfel und Rote Bete samt Saft im Mixer – höchste Stufe – ca. 2 Min. fein pürieren. Mit Apfelessig und Piment abschmecken. Püree durch ein feines Sieb streichen. Masse abkühlen lassen, in eine flache Schale geben und ca. 4 Stunden in den Gefrierschrank stellen. Mit einer Gabel im 20 Min. Abstand gut umrühren, sonst bilden sich zu große Eiskristalle. Eine feine Granita entsteht, je öfter gerührt wird. Meerrettich schälen und fein reiben. 6 Gläser gut kühlen und Granita darin verteilen. Mit etwas Meerrettich garnieren.

Kuchen und Brot

Rote-Bete-Cupcakes

Zutaten (für 12 Stück):
175 g Rote Bete (Konserve)
175 g Zucker
175 g Butter
175 g Mehl
3 Eier
1 EL Vanilleextrakt

Creme:
300 g Puderzucker
150 g Butter
etwas Rosenwasser
etwas Rote-Bete-Saft

Backofen auf 180 °C vorheizen. Rote Bete pürieren. Zucker und Butter cremig verrühren. Eier trennen. Eigelbe, Mehl, Rote-Bete-Püree und Vanilleextrakt zur Butter geben und gut einrühren, bis die Masse glatt ist. Eiweiße steif schlagen und unterheben. Masse in die Cupcake Formen verteilen und im Backofen bei ca. 180 °C ca. 20 Min. backen. Auskühlen lassen.

Puderzucker und Butter für die Creme gut verrühren. Einige Tropfen Rosenwasser und auch Rote-Bete-Saft zugeben und gut einrühren. Creme großzügig auf alle Cupcakes verteilen.

Rote-Bete-Muffins, vegan

Zutaten:
250 g Rote Bete
300 g Mehl
250 g Rohrzucker
50 ml Vanille-Sojamilch
3 EL Blaumohn
1 EL Margarine
1 TL Backpulver
$^1/_2$ TL Natron

Backofen auf 180 °C vorheizen. Rote Bete garen, abschrecken, schälen und in kleine Stücke schneiden. Backpulver, Blaumohn, Margarine, Mehl, Natron und Zucker gut vermischen, dann die Rote-Bete-Würfel einkneten. Vanille-Sojamilch zugeben und nochmals gut vermengen. Muffin-Förmchen zu $^2/_3$ mit der Teigmasse füllen. Im Herd auf mittlerer Schiene backen. Backprobe: Wenn kein Teig mehr an einem Holzstäbchen/Zahnstocher haften bleibt, sind die Muffins gut und können serviert werden.

Rote Bete schälen und fein reiben. Schokolade raspeln. Kakao, Lebkuchengewürz, Mehl, Schokolade und Zimt in einer Schüssel gut vermengen. Eier und Öl untermischen. Rote Bete und zuletzt das Backpulver zugeben und gut vermengen. Teig in eine gefettete Form geben und im vorgeheizten Backofen bei 180 °C ca. 40 Min. backen.

Rote-Bete-Kuchen

Zutaten:
1 Rote Bete
300 g Mehl
250 g Zucker
200 ml Öl
100 g Schokolade
5 Eier
2 TL Zimt
2 TL Lebkuchengewürz
1 EL Kakaopulver
1 Päckchen Backpulver

Rote-Bete-Kuchen

Rote-Bete-Tartelettes

Zutaten:
250 g Rote Bete
100 g Frischkäse
50 ml Gemüsebrühe
12 kleine Biscuit-Tartelettes
2 EL Sahne
2 EL Sahnemeerrettich
2 EL gehackte Pistazien
1 Beutel Gelatinefix
frisch gemahlener schwarzer Pfeffer
Salz

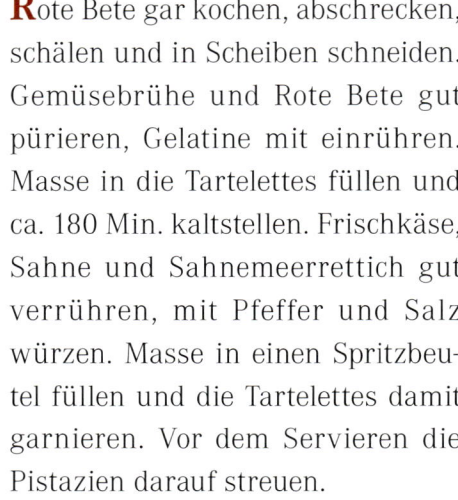

Rote Bete gar kochen, abschrecken, schälen und in Scheiben schneiden. Gemüsebrühe und Rote Bete gut pürieren, Gelatine mit einrühren. Masse in die Tartelettes füllen und ca. 180 Min. kaltstellen. Frischkäse, Sahne und Sahnemeerrettich gut verrühren, mit Pfeffer und Salz würzen. Masse in einen Spritzbeutel füllen und die Tartelettes damit garnieren. Vor dem Servieren die Pistazien darauf streuen.

Rote-Bete-Torte

Zutaten:
Teig:
500 g Ricotta (ital. Frischkäse)
150 g Mehl
150 g Schalotten
100 g Butter
100 g gemahlene Haselnüsse
80 g Parmesan
20 g Zucker
3 Eier
2 TL Rosmarin
1 TL Weinstein-Backpulver
$\frac{1}{2}$ TL Salz
frisch gemahlener schwarzer Pfeffer

Belag:
350 g Rote Bete
30 g Meerrettich
10 Haselnusskerne
4 TL Tannenhonig
1 Apfel
Salz

Rote Bete in Salzwasser ca. 45 Min. gar kochen, abschrecken, schälen und in 6 gleich große Stücke teilen. Beiseitestellen.
Schalotten schälen, in feine Würfel schneiden. 20 g Butter in einer Pfanne erhitzen und die Schalotten darin ca. 6–8 Min. glasig dünsten. Abkühlen lassen.
Rosmarin waschen, gut ausschwenken, Blättchen abzupfen und fein

hacken. Parmesan fein reiben.

Butter, 1 Prise Pfeffer, Salz und Zucker mit dem Handrührgerät ca. 3–4 Min. weißlich-schaumig rühren, Ricotta unterrühren. Eier nach und nach zugeben, dann Rosmarin und Schalotten unterrühren. Backpulver und Mehl vermengen und mit den Haselnüssen und Parmesan einrühren. Teig in eine mit Backpapier ausgelegte Springform geben und glatt streichen. Backofen vorheizen. Apfel schälen, entkernen und in Spalten schneiden. Diese Spalten und die Rote-Bete-Stücke tief in den Teig eindrücken. Torte im Backofen bei ca. 160 °C etwa 55 Min. goldbraun backen. Danach herausnehmen und in der Form ca. 20 Min. abkühlen lassen.

Die 10 Haselnüsse hacken, den Meerrettich reiben. Torte auf eine Tortenplatte umsetzen. Mit Haselnüssen und Meerrettich bestreuen, mit Honig beträufeln und noch warm servieren.

Backofen vorheizen. Rote Bete gar kochen, abschrecken, schälen und pürieren. Den alten Cheddar reiben. Trockenhefe, Wasser und Zucker in einer Schüssel gut vermengen und einige Min. ruhen lassen. Dann das Mehl dazugeben und mit der angerührten Hefe, Öl, Bete-Püree, Salbei und Salz zu einem glatten Teig verrühren. Teig ca. 60 Min. gehen lassen, dann hat er sein Volumen verdoppelt. Die geräucherten Bacon Streifen knusprig braten, abkühlen lassen und in Stücke teilen. Den Teig zu einem großen Rechteck ausrollen. Bacon und Cheddar darauf streuen, Teig längs aufrollen, Enden einschlagen und weitere ca. 20 Min. gehen lassen. Das Brot im Backofen bei ca. 220 °C etwa 30 Min. backen.

Rote-Bete-Brot

Zutaten:
150 g Rote Bete
500 g Mehl
250 ml Wasser
80 g alten Cheddar (Käse)
5 Streifen Bacon
1 EL Olivenöl
1 TL getrockneten Salbei
1 TL Trockenhefe
1 TL Zucker
$1/2$ TL Salz

Marmelade und Konfitüre

Rote-Bete-Marmelade

Zutaten:
400 g gegarte rote Bete
400 g Äpfel
200 ml Apfelsaft
1 TL Ingwerpulver
1 Zitrone
500 g Gelierzucker 2:1

Rote Bete fein schälen und grob raspeln, Äpfel schälen, entkernen, grob raspeln. Zitrone auspressen. Die Raspel in einem Topf mit Apfelsaft, Zitronensaft, Gelierzucker und Ingwer gut mischen und 20 Min. ziehen lassen. Danach langsam erhitzen, zum Kochen bringen, gut umrühren und ca. 8 Min. köcheln lassen. Nach der Gelierprobe sofort heiß in Gläser füllen, verschließen und kopfüber zum Abkühlen aufstellen.

Rote-Bete-Konfitüre

Zutaten:
350 g Rote Bete (gekocht und geschält)
200 g Rohrzucker
3 EL Zitronensaft
70 ml Apfelsaft
2 Gewürznelken
1 TL geriebene Orangenschale

Marmelade wird nach der Gelierprobe eingefüllt.

Apfelsaft mit dem Zucker, Nelken und Zitronensaft langsam erhitzen, kurz aufkochen. Rote Bete würfeln und dazu füllen. Nun 20 Min. köcheln lassen, öfter umrühren, Orangenschale dazugeben. Dann vom Herd nehmen und kurz durchmixen. Nach der Gelierprobe sofort heiß in Gläser füllen, verschließen und kopfüber zum Abkühlen aufstellen.

Relish, Chutney und Eingelegtes

Rote Bete schälen, grob hobeln. Knoblauch und Zwiebel schälen, fein schneiden. Saft von einer halben Orange auspressen. Olivenöl in einem Topf erhitzen, Knoblauch und Zwiebeln darin ca. 4–5 Min. sautieren, bis sie weich sind. Orangensaft, Rote Bete, Rotwein, Rotweinessig und Zucker zugeben, nach Geschmack pfeffern und salzen. Alles ca. 30 Min. unter gelegentlichem Umrühren köcheln lassen, bis die Flüssigkeit reduziert und die Rote Bete gar ist.

Tipp: Passt zu Schweinefilet, Grillfleisch etc.

Rote-Bete-Relish mit Knoblauch

Zutaten:
500 g Rote Bete
50 ml Rotwein
130 ml Rotweinessig
90 g brauner Zucker
1 Knoblauchzehe
$^1/_2$ Zwiebel
$^1/_2$ EL Olivenöl
$^1/_2$ Orange
frisch gemahlener schwarzer Pfeffer
Salz

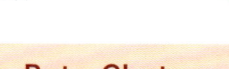

Zwiebel schälen und in Streifen schneiden. Rote Bete schälen, waschen und fein würfeln. Äpfel waschen, schälen, entkernen und klein würfeln. Getrocknete Kirschen grob hacken. Koriandersamen zerstoßen. Öl im Topf erhitzen, Zwiebeln unter Rühren darin ca. 8 Min. dünsten. Äpfel, Kirschen und Rote Bete zugeben und kurz mitdünsten. Dann Honig, Koriander, Pfeffer, Rotweinessig, Salz und Zucker einfüllen, kurz aufko-

Rote-Bete-Chutney

Zutaten:
1 kg Rote Bete
500 g Äpfel
125 g Zucker
125 ml Rotweinessig
80 g getrocknete Kirschen
75 g Honig
7 EL Olivenöl
3 TL Koriandersamen
1 EL frisch gemahlener schwarzer Pfeffer
2 TL Salz
1 Gemüsezwiebel
Koriandergrün

chen und weitere 20 Min. zugedeckt köcheln lassen. Danach im offenen Topf die Masse ca. 25 Min. reduzieren lassen. Heiß in Gläser füllen und kopfüber zum Abkühlen aufstellen. Haltbarkeitsdauer ca. 3 Monate.

Rote Bete, eingelegt – Variationen

Rote-Bete-Kugeln, mit Rotweinessig eingelegt

Zutaten:
1 kg Rote Bete
2,5 l Wasser
1 l Rotweinessig
200 g Zucker
20 g Ingwer
10 schwarze Pfefferkörner
5 Gewürznelken
2 ½ EL Salz
1 Lorbeerblatt
1 Zimtstange

Die Rote Bete ca. 20 Min. kochen, abschrecken, schälen und Kugeln ausstechen (mit dem Pariser Ausstecher). Die kleinen Kugeln in 2 l Wasser mit 2 EL Salz ca. 10 Min. köcheln lassen, dann abgießen und in bereitstehende Gläser einfüllen. Den Rotweinessig mit 500 ml Wasser und allen Gewürzen ca. 10 Min. köcheln lassen. Den Sud durch ein Sieb gleich in die Gläser füllen, bis ca. 5 mm

unter den Rand. Gewürze verbleiben im Sieb. Gläser sofort verschließen. Diese Rote Bete sollte bis zum Verzehr ca. 1 Woche durchziehen.

Rote Bete gar kochen, abschrecken, schälen und in Scheiben schneiden. Große Knollen können vor dem Schneiden halbiert werden. Lorbeerblätter zerkleinern. Zwiebeln schälen, halbieren und in dünne Scheiben schneiden. Rote Bete und Zwiebeln schichtweise in Gläser füllen. Essig, alle Gewürze, Salz, Wasser und Zucker mischen und aufkochen. Heiß in die Gläser verteilen, sofort verschließen und kopfüber zum Abkühlen aufstellen.

Tipp: Etwa 24 Monate haltbar.

Rote-Bete-Scheiben, mit Zwiebeln eingelegt

Zutaten:
1,5 kg Rote Bete
1 l Wasser
500 ml Weinessig
150 g Zucker
15 Gewürznelken
15 Pimentkörner
6 Zwiebeln
3 Lorbeerblätter
1 TL Salz

Senf und Essig

Rote Bete etwas zerkleinern. Senfkörner in einer Mühle mahlen. Honig, Senfmehl und Salz zusammen vermengen und Rote Bete zugeben. Alles mit einem Pürierstab kräftig durchmixen und danach bei ca. 60 °C kurz erwärmen, mit einem Schneebesen umrühren und im

Rote-Bete-Senf

Zutaten:
50 g gegarte Rote Bete
200 g Senfkörner
160 ml Rote-Bete-Essig
140 ml Himbeeressig
100 ml Portwein
95 g Honig
4 TL Salz

offenen Topf bis zu 24 Stunden stehen lassen, damit die Fermentierung einsetzen kann. In kleine Gläser füllen, fest verschließen und ca. 2 bis 3 Wochen stehen lassen. Der Senf nimmt eine schöne rosa Farbe an.

Rote-Bete-Essig

Zutaten:
Individuelle Mengen nach Steintopfgröße

Gegarte und geschälte Rote Bete grob hobeln, in geeigneten Steintopf füllen und mit 5 oder 10 % igem Speiseessig bedeckt ansetzen. Ca. 1 Woche durchziehen lassen, dann in Flaschen füllen und bis zum Verbrauch kühl lagern.
Tipp: Rote-Bete-Essig wird auch im Fachhandel angeboten.

Rote-Bete-Essig –
aus eigener Herstellung

Saft, Drink und Likör

Rote-Bete-Saft
I. Aus ungekochter Rote Bete

Ausgereifte Knollen grob zerteilen und entsaften, nach Bedarf mit Ahornsirup süßen.

Rote-Bete-Saft
II. Aus gekochter Rote Bete

Rote Bete zum Entsaften vorbereitet.

Rote Bete in Wasser kochen, herausnehmen, zerteilen und entsaften. Bei Bedarf mit braunem Zucker süßen.

Küchenfertige Rote Bete und Möhren schälen und grob würfeln. Orangen schälen, weiße Haut und Kerne entfernen und würfeln. Äpfel und Ingwer waschen, trocken tupfen. Äpfel entkernen, beides würfeln. Gemüse und Obst entsaften und mit Honig würzen. Der frische Saft schmeckt von gekühlten Früchten am besten.

Rote-Bete-Möhren-Saft

Zutaten:
500 g Rote Bete
700 g Möhren
40 g frischer Ingwer
4 Orangen
4 Äpfel
4 TL flüssiger Honig

Rote Bete und Möhren waschen, schälen und vierteln. Fenchelknolle waschen, halbieren und in grobe Stifte schneiden, Fenchelgrün waschen, ausschwenken und beiseite legen. Alles Gemüse entsaften. Gemüsesaft, Rapsöl und Eiswürfel in Gläser füllen, mit Fenchelgrün garniert servieren.

Rote-Bete-Drink

Zutaten:
150 g Rote Bete
200 g Möhren
200 g Fenchelknolle mit Grün
1 TL Rapsöl
Eiswürfel

Rezepte

Rote-Bete-Likör

Zutaten:
Gegarte geraspelte Rote Bete
0,75 l Klarer (mind. 38 Vol.-%)

*Rote-Bete-Brand –
eine sehr edle Variante*

Auffüllen von Korn auf Rote Bete (Hausrezept).

Gegarte und geschälte Rote Bete fein raspeln, geeignete Flaschen damit halb füllen und mit Weizenkorn, Wodka etc. bedeckt begießen. Bis zum Verbrauch mindestens 2 Wochen ruhen lassen. Diesen außergewöhnlichen erdigen Likör gekühlt genießen.

Butter

Rote Bete ganz fein wiegen und mit 125 g zimmerwarmer gut knetbarer Butter vermengen. Mit frisch gemahlenem schwarzen Pfeffer, Salz und Zitrone je nach Geschmack würzen. In eine Schale füllen und mindestens 60 Min. zum Durchziehen in den Kühlschrank stellen.

Tipp: Pikanter Brotaufstrich

Rote Bete waschen, schälen, klein würfeln. Porree waschen, in feine Ringe schneiden. Knoblauchzehe und Zwiebel schälen, fein würfeln. 2 EL Butter zum Schmelzen bringen, Knoblauch und Zwiebel darin dünsten, Porree und Rote Bete zugeben und umrühren. Mit Essig ablöschen und ca. 15 Min. zugedeckt bei geringer Hitze garen lassen. Dill waschen, gut ausschwenken und fein hacken. 100 g Butter, Dill, Honig, Pfeffer und Salz unter das warme Gemüse rühren und völlig erkalten lassen. Dann in Frischhaltefolie einrollen und

Rote-Bete-Butter

Zutaten:
3 EL gekochte Rote Bete
125 g Butter
1 Prise Pfeffer
1 Prise Salz
1 Spritzer Zitrone

Rote-Bete-Butter mit Knoblauch

Zutaten:
1 Rote Bete
100 g + 2 EL Butter
1 Knoblauchzehe
1 Stück Porree
1 Zwiebel
1 EL Essig
1 EL Honig
1 Stängel frischer Dill
frisch gemahlener schwarzer Pfeffer
Salz

Rote-Bete-Butter

mindestens 60 Min. im Kühlschrank ruhen lassen.

Tipp: Etwa 10 Min. vor dem Verbrauch aus dem Kühlschrank nehmen. Diese Buttermischung ist gekühlt einige Tage haltbar.

Literaturhinweise

Baumann, Johann Friedrich: Der Dresdener Koch, Edition Offizin in der Rhenania Buchversand, Koblenz, 2014, Nachdruck der Originalausgabe 1844, Bd. I und II, Koblenz 2014

Bielka, Prof. em. Dr. agr. habil. R.; Geissler, Prof. Dr. sc. Th. et al.: Freilandgemüseproduktion, Deutscher Landwirtschaftsverlag, 2. überarb. Aufl., Berlin 1980

Böhmig, Franz: 600 Ratschläge für den Gemüsegarten, Neumann Verlag, 4. Aufl., Leipzig & Radebeul 1981

Brinckmann, Werner: Wecker weit dat Noch?, Verlag Redieck & Schade, Rostock 2009

Drummer, Kurt und Muskewitz, Käthe: Kochkunst aus dem Fernsehstudio, Fachbuchverlag, 8. Aufl., Leipzig 1974

Einhorn, Otto et. al.: Obst und Gemüse, Fachbuchverlag, 6. Aufl., Leipzig 1988

Ernst, Dr. Manfred: Gemüsebau im Garten, Deutscher Landwirtschaftsverlag, Berlin 1979

Frauenberger, Herbert: Natürlich mit Senf!, RhinoVerlag, 2. Aufl., Ilmenau 2013

Genders, Roy: So einfach ist der Anbau von Gemüse, Verlag Paul Parey, Berlin und Hamburg 1980

Gerlach, Hans: Aromen & Gewürze, Kosmos Verlag, Stuttgart 2011

Jones, Bridget: WOK, gesund und schnell, Bellavista, Verlag Karl Müller, Köln 2003

Kretschmer, G.; Nordmann, B.; Stöcker, H.: Praxis des Feldgemüseanbaues, Deutscher Landwirtschaftsverlag, Berlin 1961

Kreuter, Marie-Luise: Der Bio-Garten, BLV Verlag, München, Zürich, Wien 1992

Lotz, Frank W.: Himmlisch Kochen und Leben im Einklang mit dem Veda, Frank's Spice Shop-Verlag, 5. Aufl., Sundern 2004

Löser, Evemarie & Dr. Frank: Wildfrüchte, Demmler Verlag, 3. Aufl., Ribnitz-Damgarten 2012

Löser, Evemarie & Dr. Frank: Eberesche, Verlag Rockstuhl, Bad Langensalza 2010

Löser, Evemarie & Dr. Frank: Kartoffeln, Demmler Verlag, Ribnitz-Damgarten 2011

Löser, Evemarie & Dr. Frank: Kürbis, Demmler Verlag, Ribnitz-Damgarten 2014

Löser, Evemarie & Dr. Frank: Zwiebeln, Demmler Verlag, Ribnitz-Damgarten 2010

Löser, Evemarie & Dr. Frank: Wildblüten und Kräutergelees, Demmler Verlag, 2. Aufl., Ribnitz-Damgarten 2015

Löser, Evemarie & Dr. Frank: Aronia, Demmler Verlag, Ribnitz-Damgarten 2015

Löser, Evemarie & Dr. Frank: Heidelbeere, Demmler Verlag, Ribnitz-Damgarten 2015

Mayer, Dr. J. G.; Uehleke, Dr. med. B.; Saum, OSB Pater Kilia: Das große Handbuch der Klosterheilkunde, Verlagsgruppe Weltbild, Augsburg 2008

Müller, Dr. Ernst Werner: Praktischer Pflanzenschutz im Gemüsebau, Deutscher Landwirtschaftsverlag, Berlin 1978

Natho, Prof. Dr. Günther et al.: Rohstoffpflanzen der Erde, Urania Verlag, Leipzig, Jena, Berlin 1984

Natho, Prof. Dr. Günther et al.: Früchte der Erde, Urania Verlag, 2. Aufl., Leipzig, Jena, Berlin 1977

Ortega, Simone und Inès: 1080 Rezepte, Phaidon Verlag, Berlin 2008

Reinhold, Prof. Dr. Dr. h.c. Johannes et al.: Freude am Garten, Deutscher Landwirtschaftsverlag, Berlin 1965

Rias-Bucher, Barbara: Winter Smoothies, Mankau Verlag, Murnau a. Staffelsee 2014

Schmidt, Martin: Pflanzenschutz im Gemüsebau, Deutscher Landwirtschaftsverlag, 2. Aufl., Berlin 1964

Tronickovà, Eva: Gemüse, Verlag Werner Dausien, Hanau 1985

o.V.: Mit Erfolg durchs Gartenjahr, Verlag Das Beste, Stuttgart, Zürich, Wien 1984

o.V.: Das Teubner Handbuch Saucen, Teubner Verlag, 14. Aufl., München 2014

Dank

Wir bedanken uns bei allen, die uns auch bei diesem Buch freundlich unterstützt haben.

Ein herzliches Dankeschön an: Den Hobbygärtner und Rote-Bete-Fan Hans Markowski aus Göhren für die praktischen Hinweise, Anbautipps und die feldfrischen Früchte; Frau Dörte Nieland vom Bio-Hofladen, Hof Medewege/ Schwerin für die Bio-Tipps; Frau Raisa Zakharova für die Recherche und Übersetzung der russischen Rezepte.

Dem Demmler Verlag, besonders Frau Dagmar Schenk, danken wir für die hilfreiche und freundliche Unterstützung von der Idee bis zum fertigen Buch.

Evemarie Löser

1949 in Ulrichshalben, unweit von Weimar geboren. Nach dem Schulbesuch Berufsausbildung, dann Meister für Lederverarbeitung. 1973 Umzug nach Schwerin/Meckl.

Von 1980 bis zum Ruhestand 2011 im Sozialwesen tätig. Neben Familie (zwei erwachsene Kinder) und Beruf immer Freude im Umgang mit Menschen, am Kleingarten und an der Verarbeitung der Ernte. Liebt die Kommunikation in Wort und Schrift und kreatives Gestalten.

Dr. Frank Löser

1944 in Lößnitz bei Freiberg/Sachsen geboren. Nach Schulbesuch Ausbildung zum Gärtner und Besuch der Fachschule für Pflanzenschutz in Halle/Saale 1963–1966. Viele Jahre Mitarbeiter im Pflanzenschutzamt Karl-Mar x-Stadt. 1969–1974 Fernstudium zum Dipl.-Agr.-Ing. und anschließend außerplanmäßige Dissertation. Der Autor lebt seit 1984 in Mecklenburg und hat zwei erwachsene Kinder. Ab 1990 bis zum Ruhestand 2010 selbständig im Bereich der Werbeakquise tätig. Seine besonderen Hobbys sind das Entdecken und Erkunden der Natur, der Pflanzen- und Tierwelt.

Im Demmler Verlag sind von ihm bisher die Sagenbände „Thüringer Wald", „Weimarer Land", „Die Ostseeküste. Von Wismar bis Warnemünde" und „Der Sanddorn" erschienen. Gemeinsam veröffentlichten sie, ebenfalls im Demmler Verlag, „Wildfrüchte", „Zwiebeln", „Kartoffeln", „Wildblüten- und Kräutergelees", „Schlehen & Hagebutten", „Kürbis", „Spargel", „Heidelbeere" und „Aronia".

In der beliebten Naturpflanzenreihe für Küche und Hausapotheke sind bisher erschienen:
Jeder Band mit zahlreichen Farbfotos zu einem Preis von **8,95 €**

Ursula Schönfeld
Petra Neugebauer
ISBN 978-3-910150-68-3

Evemarie u.Frank Löser
ISBN 978-3-944102-03-0

Krystin Liebert
ISBN 978-3-910150-79-9

Evemarie u.Frank Löser
ISBN 978-3-910150-80-5

Evemarie u.Frank Löser
ISBN 978-3-910150-87-4

Evemarie u.Frank Löser
ISBN 978-3-910150-88-1

Elvira Grudzielski
ISBN 978-3-910150-95-9

Evemarie u.Frank Löser
ISBN 978-3-910150-98-0

Evemarie u.Frank Löser
ISBN 978-3-910150-97-3

Elvira Grudzielski
ISBN 978-3-944102-01-6

Elvira Grudzielski
ISBN 978-3-944102-04-7

Evemarie u.Frank Löser
ISBN 978-3-944102-05-4

Evemarie u.Frank Löser
ISBN 978-3-944102-08-5

Evemarie u.Frank Löser
ISBN 978-3-944102-11-5

Evemarie u.Frank Löser
ISBN 978-3-944102-12-2

Evemarie u.Frank Löser
ISBN 978-3-944102-18-4

Erhältlich in jeder Buchhandlung oder bei
DEMMLER VERLAG GmbH
An der Bäderstraße 7c
18311 Ribnitz-Damgarten
Tel. 03821 / 706397
Fax 03821 / 708876
info@demmlerverlag.de

Bestellannahme
Verlagsauslieferung *grünes herz*®
Tel. 03677 / 46628-10
Fax 03677 / 46628-11
bestellung@gruenes-herz.de